남도 섬 전역을 발로 뛰며 발굴한 토속음식 34가지

21세기북스

이토록 화려하고 품격 있는 섬 음식들

　　　　　　　전복포, 성게알찜, 꽃게초회, 마른복어곰국, 백년손님밥상, 피굴, 냉연포탕, 시금치꽃동회무침, 산도랏건민어탕….

　이 생소한 음식들은 결코 특급 호텔이나 고급 레스토랑의 특별 메뉴들이 아니다. 궁중음식도 아니다. 오랜 세월 일상적으로 요리되었고 여전히 전승되는 섬의 음식들이다. 요리학교도 나오지 않은 섬 여인들이 쓱쓱 만들어내는 음식들은 유명 셰프들의 음식 못지않게 화려하고 격조 있다. 하지만 우리가 일상에서 접하는 한국 음식들은 그저 평범하다. 새로 개발된 메뉴라는 것도 새로울 것이 없다. 과거에 비해 물산은 더욱 풍족해졌는데 어째서 우리 음식문화는 진일보하지 못한 것일까! 전통을 계승하고 혁신하지 못했기 때문이다. 그래서일까? 청년들의 입맛은 이미 외국 음식들에 사로잡혀 버렸다. 도심에 가면 한 집 건너 한 집이 일본음식점이고 중국음식점 들이다. 문화의 기본인 음식문화를 안방에서 빼앗기고서 한류 운운하는 것은 안타깝다.

그렇다고 아직 절망할 단계는 아니다. 우리 밥상에서 사라진 고급스러운 토속음식의 원형이 외딴 섬들에 남아 있기 때문이다. 전통은 변방을 통해 이어진다. 하지만 외래문화의 유입으로 섬에서도 토속음식은 점차 소멸 중이고 뭍의 음식과 차별성이 없어지고 있다. 젊은 사람들은 떠나고 노인들만 남은 섬. 가족을 통해 전승되던 음식문화도 맥이 끊어질 위기에 처했다. 섬 음식이 소중한 자산이란 사회적 인식도 없고 지원이나 관리도 없다. 전승되고 있는 섬 토속음식의 실태 파악도 어려운 상황이다. 섬 토속음식의 맥이 끊기면 우리는 가장 소중한 보물 하나를 잃게 될 것이다.

그래서 우선 남아 있는 레시피라도 서둘러 기록해야겠다고 생각했다. 섬에 남은 노인들이 돌아가시기 전에 전승되어온 섬의 토속음식 조리법을 체계적으로 정리하고자 했다. 섬 토속음식은 결코 섬만의 것이 아니다. 국가와 사회의 큰 자산이다. 다산 정약용 선생은 이미 2백 년 전에 '섬은 우리나라의 그윽한 수풀이니 진실로 경영만 잘하면 장차 이름도 없는 물건이 물이 솟아나듯, 산이 일어나듯 할 것'(경세유표)이라고 예언했다. 우리는 너무 늦게 깨달았다. 서둘러 섬들을 찾아다니며 토속음식들의 레시피를 채록하기 시작했다.

다행스럽게도 주민들 삶 속에는 육지에서는 생각하지도 못한 수많은 토속음식들이 남아 있었다. 여전히 식생활에서 전승되는 음식도 있고 기억으로만 남은 음식도 있었다. 지금까지 100여 개의 섬 토속음식 레시피를 발굴했다. 채록했으나 아직 시연하지 못한 토속음식들이 많다. 여건상 아직 채록 작업을 못한 섬들도 많다. 우선 전라남도 지역의 섬들을 조사 기록한 1차 결과물을 세상으로 내보낸다. 섬 어머니들의 토속음식 레시피는 가히 우리 해산물 음식의 바이블이라 자부할만하다. 우리에게 이처럼 뛰어난 음식문화가 있었다는 것이 자랑스러울 정도다.

이 책에는 대표적인 섬 음식 레시피 34개를 수록했다. 하나하나가 더없이 귀한 음식들이다. 섬 주민들의 식생활에서, 기억에서 아주 사라지기 전에 정부 차원에서 나머지 섬 토속음식들에 대한 채록 작업이 이어져야 할 것이다. 음식 하나가 쇠락해 가는 섬을 살리고, 지역을 살릴 수도 있다.

그동안 정부나 지자체가 한식 현대화니 뭐니 하면서 새로운 레시피를 만들어 내겠다고 예산을 쏟아부었지만 성공한 것이 무엇 하나 있는가. 실패는 당연한 귀결이었다. 자꾸 밖에서만 찾으려 했기 때문이다. 없는 것 억지로 만들려 했기 때문이다. 안에서 찾아야 한다. 원형을 찾아내는데 투자해야 한다. 전승되는 토속음식이야말로 우리 음식문화의 오래된 미래다. 이 책에 수록된 대부분의 음식들은 누구나 따라 하기 어렵지 않은 레시피를 가지고 있다. 일상에서 먹던 음식들이기 때문이다. 이 책이 우리 음식문화의 품격을 높이는데, 일조한다면 더 바랄 나위 없겠다.

강제윤 시인과 함께 종종 섬을 여행하며, 섬에서만 얻을 수 있는 에너지와 위로를 받았다. 섬사람들과 어울려 섬의 음식문화를 즐기는 것은 섬으로 가는 큰 이유 중 하나였다. 그 중에서도 강제윤 시인과 함께 한 밥상들은 일상에서도 가끔 그립다. 장도 피굴의 그 찰진 식감과 귀한 대접을 받는 호사를 누리게 해준 안도 백년손님 밥상을 잊을 수가 없다. 섬이 그리울 때마다 이 책을 펼친다면 어디에서도 맛볼 수 없는 바다의 맛을 다시 느낄 수 있을 것 같다. 어서 또 이 책을 들고 '그 섬에 가고 싶다'.

－ 류승룡(배우)

이 책의 저자인 강제윤은 뚝심이 있다. 어지간해서 흔들리지 않는다. 그런 그가 섬의 음식을 책으로 냈다.

6년 전에 나 혼자 육지에서 한참 떨어진 섬에 배를 대고 섬 음식을 찾았다. 섬 음식은 없었다. 육지에서 쉽게 만날 수 있는 조미료로 맛을 통일시킨 그런 음식밖에 없었다. 그때의 실망감을 만회할 길이 막연했다. 강제윤은 섬의 토속음식을 용케도 뒤져서 찾아냈다. 강제윤이니까 할 수 있는 작업이다. 나한테는 그의 뒤를 밟아 섬 음식을 확인해야 하는 숙제가 생겼다. 아직 남아 있는 섬 생활의 흔적들을 음식 투정 안 하는 친구 2명쯤과 더불어 들추어 봐야겠다. 이런 목표를 가진 70살이 넘은 영감이 몇이나 있겠는가. 흥분된다.

– 허영만(만화가)

contents

저자 서문   002

추천사   006

01 하의도 낙지냉연포탕   013

02 가거도 고구마수제비   021

03 가란도 물김석화볶음   025

04 기점도 고구마묵   036

05 장산도 기젓국   042

06 도초도 감성돔젓국   048

07 반월도 보리숭어구이   053

08 신의도 함초생선찜과 함초돌게장   060

09 암태도 마른숭어찜   066

10 우이도 약초막걸리   073

11 임자도 산도랏민어곰탕   080

12 지도 낙지찹쌀죽   086

13 흑산도 홍어껍질묵   093

14 흑산도 우럭돌미역국   099

15 흑산도 장어간국   105

16 관매도 솔향기굴비찜   113

17 대마도 황칠나무보양탕   119

18 모도 꽃게초회   127

19 진도 찹쌀홍주   132

20 노화도 말린복곰탕   141

21 보길도 전복포   149

22 생일도 배말구이   157

23 소안도 마른복찜   166

24 완도 전어덮밥   176

25 나로도 대삼치회와 대삼치구이   185

26 연홍도 쏨뱅이무침   191

27 연홍도 청각오이냉국   199

28 개도 시금치꽃동회무침   207

29 거문도 한가쿠갈칫국   215

30 금오도 도다리쑥국   223

31 금오도 성게알찜   229

32 안도 백년손님밥상   236

33 탄도 찰감태무침   249

34 장도 피굴   255

＊ 전라도 섬맛 지도   262

섬으로 가는 바닷길은 늘 어느
먼 이방의 나라로 떠나는 듯한
설렘으로 가득하다.
그래서 섬 여행은 여권 없는
해외여행이 된다.

01 하의도
낙지냉연포탕

얼음 동동 띄워 시원하게 먹는 반전의 맛

김대중 대통령의 고향 섬. 하의도에 가면 대통령에 대한 원망의 소리를 종종 듣는다. 고향에 특혜를 주지 않았다는 이유 때문이다. 하지만 나그네는 그 원망이 찬사처럼 들린다. 대통령은 결코 특정 지역만의 대통령이 아니라 모든 지역의 대통령이기 때문이다. 새삼 그가 존경스럽다.

하의도는 또 섬 주민들이 조선의 정명공주 가문에 빼앗긴 농토를 300년 넘게 싸워서 되찾은 불멸의 땅이기도 하다. 드라마 〈화정〉의 주인공으로도 나왔던 정명공주는 선조의 딸이자 인조의 고모였다. 1623년 인조는 섬 주민들이 황무지를 개간해 만든 농토를 강탈해 정명공주에게 선물했는데 정명공주가 홍씨 가문으로 시집가면서

이 땅을 혼수품으로 가져갔고 대물림 됐다. 하의도 농민들은 지난한 투쟁 끝에 1956년에야 겨우 농토를 되찾을 수 있었다. 연속극이 아닌 현실에 낭만공주 따위는 없다.

내해와 외해의 경계에 위치한 신안군의 하의도, 장산도, 신의도 인근 갯벌들은 갯벌이 검다는 고정관념을 확 깨게 해준다. 속살을 파보면 우윳빛이다. 찍어 먹어 보고 싶다는 생각이 들 정도로 깨끗하다. 이 갯벌들에서 사는 낙지를 최고의 뻘낙지로 친다. 낙지는 가을 낙지가 제 맛인데, 오뉴월 세발낙지가 가을이면 문어만큼이나 굵어진다. 옛날에는 아이들 키만큼 큰 것도 있었다고 한다. 전설의 낙지다. 그토록 크지만 뻘낙지 살은 돌낙지와는 달리 질기지 않고 더 없이 부드럽다.

하의도 사람들도 이 뻘낙지 요리를 좋아한다. 산낙지를 즐기는 것은 같지만 육지와는 다르게 낙지볶음보다는 낙지초무침을 더 선호한다. 남도 사람들이 선호하는 낙지초무침은 싱싱한 낙지라야 가능한데, 익은 듯 안 익은 듯 살짝 데쳐서 각종 채소와 식초를 넣고 무쳐낸다. 낙지가 그냥 입에서 사르르 녹는다.

산낙지회도 하의도를 비롯한 남도에서는 그저 토막내는 내륙의 방식과는 다르다. 자율신경이 발달해 젓가락을 피해 도망가기 일쑤인 산낙지 다리들을 도마에 올려놓고 탕탕탕 다져서 낸다. 낙지탕탕이다.

하지만 그들이 무엇보다 선호하는 요리는 연포탕(연포)이다. 옛 문헌에 따르면 연포탕은 본래 낙지와는 무관한 음식이었다. 『동국세기』나 『증보산림경제』 등 옛 문헌에는 두부와 닭고기로 끓인 국을 연포탕이라 했다. 『동국세시기(東國歲時記)』 10월조에 '두부를 가늘게 썰고 꼬챙이에 꿰어 기름에 지지다가 닭고기를 섞어 국을 끓이면 이것을 연포탕이라고 한다. 여기서 포라는 것은 두부를 말하며 한나라 무제(武帝) 때 신하 회남왕(淮南王)으로부터 시작된 것'이라 기록이 남아 있다.

하지만 요즈음 연포탕이라면 낙지를 먼저 떠올린다. 요리 또한 고정불변의 것은 없다. 각종 채소를 넣고 끓인 국물에 산낙지를 살

〈갯벌 낙지잡이〉

짝 익혀서 국물과 함께 먹는 음식이 낙지연포탕이다. 낙지는 옛날부
터 보양식으로 애용되어 왔다. 낙지는 한자로 낙제어(絡蹄魚)라 하는
데 '얽힌(絡) 발(蹄)을 지닌 물고기(魚)'란 뜻이다. 낙지에는 지방성분
이 거의 없고 타우린과 무기질과 아미노산이 듬뿍 들어 있어 조혈
강장 뿐 아니라 칼슘의 흡수와 분해를 돕는 건강식이다. 무더운 여
름날 지쳐 쓰러져 있던 소에게 산낙지 몇 마리 먹이면 벌떡 일어날
정도로 낙지는 영양식이다. 『자산어보』에도 '맛이 달콤하고 회, 국,
포를 만들기 좋다'고 기록되어 있다. 조상들도 낙지 요리를 애용했던
것이다.

그러나 하의도 사람들이 먹는 연포탕은 우리가 익히 아는 그런 뜨거운 연포탕이 아니다. 냉연포탕이다. 차가운 국물에 삶은 낙지와 채소를 곁들인 요리다. 낙지의 살은 쫄깃하고 국물은 고소하고 감미롭다. 여름에만 냉연포탕을 먹는 것이 아니다. 하의도 사람들에게 연포탕은 언제나 냉연포탕이다. 인근의 신의도, 장산도 역시 같다. 겨울에는 조금 따뜻한 국물로 낼 뿐이다.

목포와 신안의 섬들을 오가는 여객선에서 우연히 그녀를 만났다. 그녀는 오랫동안 하의도에서 식당을 운영하며 냉연포탕을 만들어 맛으로 찬사를 받았었는데 아쉽게도 이제는 접었다.

신의도가 친정인 그녀에게 연포탕은 어릴 적 어머니가 늘 해주던 밥반찬이었다. 그때는 낙지가 지천이었다. 저녁 찬거리가 필요하면 어머니는 집 앞 갯벌로 나갔다. 뻘에 들어갈 필요도 없이 물웅덩이의 돌멩이 하나를 뒤집으면 거기 낙지들이 바글거렸다. 가을이라 클대로 큰 낙지 한 마리면 식구들 저녁 반찬으로 충분했다. 더 잡을 필요도 없었다. 날마다 잡아도 줄지 않았으니 갯벌이 창고였다.

가을이면 어린 그녀도 낙지를 잡으러 가곤 했는데 물웅덩이에는 산란이 끝나 흐물흐물한 어미 낙지 몸에 셀 수 없이 많은 새끼들이 거미 떼처럼 달라붙어 있었다. 새끼들은 어미의 몸을 뜯어먹고 컸다. 자신의 몸을 새끼들에게 다 내준 어미는 흔적도 없이 사라져 버렸다. 소녀는 어미를 먹고 자라는 낙지의 생태를 보며 알 수 없는 비

〈초장을 넣은 낙지냉연포탕〉　　　　　〈고춧가루를 넣은 낙지냉연포탕〉

애를 느꼈다. 슬픔의 정체를 알게 된 것은 자신도 어미가 되어 새끼들에게 살을 내주게 된 뒤였다. 낙지는 봄에만 산란하는 것으로 알려져 있지만, 가을에도 산란하는 것을 목격했다. 가을 겨울에도 세발낙지가 잡히는 것이 그 증거다.

어머니는 끓는 물에 낙지를 살짝 데쳐놓고 낙지 삶은 물은 식혔다. 낙지를 먹기 좋은 크기로 썰고 다시 낙지 삶은 물에 텃밭에서 잘라온 부추를 넣었다. 거기에 소금 간을 하고 부뚜막의 식초와 마늘, 풋고추와 참깨 등의 양념을 하면 완성됐다. 참깨가 없을 때는 유채씨 볶은 것을 참깨 대용으로 쓰기도 했다. 모든 음식은 주재료가 신선하고 풍성해야 맛이 산다. 요즈음은 뻘낙지 값이 비싸 연포탕에도 낙지보다 채소나 과일 같은 것이 더 많이 들어간다. 하지만 연포탕은 무조건 낙지가 많이 들어가야 한다.

하의도에서도 냉연포탕은 집집마다 약간씩 다르다. 전통방식대

로 맑은 연포탕을 고집하는 집도 있고, 칼칼한 맛을 내기 위해 고추
가루를 약간 넣는 집도 있고 도시인들의 입맛에 맞춰 물회처럼 달
달한 초장소스를 만들어 쓰는 집도 있다. 하지만 국물을 차게 해서
내는 점은 같다. 미리 얘기하면 취향에 따라 선택할 수 있다. 하의도
인근 뻘낙지는 섬 지역 밖으로 나가는 일이 드물다. 맨손어업으로
소량씩만 잡기 때문이다. 냉연포탕은 하의도뿐만 아니라 인근의 신
의도 장산도 등의 문화이기도 하다.

낙지냉연포탕

1 끓는 물에 낙지를 살짝 데친다.
2 낙지 삶은 물은 식혀 둔다.
3 낙지를 먹기 좋은 크기로 썰어 부추 등의 제철 채소, 과일 등과 함께 낙지 삶은 물에 넣는다.
4 낙지 삶은 물에 소금 간을 하고 식초와 마늘, 풋고추, 참깨 등의 양념을 한 뒤, 얼음을 넣으면 완성된다.

02 가거도
고구마수제비
중국의 닭 우는 소리가 들리는 섬의 별미

육지 사람들은 섬사람들이 다들 어업으로만 먹고 사는 줄 안다. 그래서 섬의 특산품이 농산물이라면 놀란다. 자은도의 특산품은 양파와 대파다. 청산도의 특산품은 월동배추다. 대한민국 최북단의 섬 백령도의 대표 음식은 메밀냉면이다.

최서남단 가거도 사람들이 가장 즐겨 먹던 토속음식은 생선요리가 아니다. 고구마수제비다. 아직도 가거도 노인들은 모이면 고구마수제비를 만들어 먹는다. 논 한 평이 없어, 비탈밭에 고구마를 심어 허기를 채우던 시절의 음식이 이제는 별미가 됐다. 자은도, 암태도나 병풍도, 기점도 등 내륙에서 가깝고 농토가 넓은 섬들에서는 고구마 전분을 만들어서 고구마묵이나 칼국수 등의 요리를 해 먹는다. 전분만을 사용하는 것은 고급이다. 하지만 가거도는 농토와 식재료가 부족하니 최대한 재료를 아껴야 했다. 그래서 고구마도 전분을 만들지 않고 전체를 갈아서 고구마 가루로 만들어 먹었다. 척박한 땅, 검약과 절제의 정신이 만들어낸 식문화가 고구마수제비다.

결 고운 전분으로 만든 것이나 거친 고구마 가루로 만든 것이나 맛은 큰 차이가 없다. 고구마수제비는 마치 강원도 지역의 감자떡처럼 찰지고 쫀득하다.

생고구마를 깨끗이 씻어서 껍질을 벗긴 뒤 강판에 갈아 체로 친다. 생고구마 가루를 햇볕에 바짝 말려 보관했다가 두고두고 먹는다.

〈가거도 섬 밥상〉

<고구마수제비 한상차림>

수제비를 만들 때 고구마 가루로만 반죽하면 '질질 처져 버리니' 밀가루를 섞는다. 가거도 고구마수제비에는 쌀이 살짝 들어가는 것이 특징이다. 구황작물인 고구마만으로는 속이 허하기 때문이다. 곡기가 들어가야 속이 든든하다. 그게 쌀을 넣는 이유다. 쌀이 금싸라기만큼이나 귀했던 과거에는 팥이나 녹두를 끓인 뒤 고구마 가루 반죽을 넣고 수제비를 끓여 먹었다. 여기에 석화나 배말, 마른 장어 같은 재료를 첨가하면 고급요리가 된다.

 고구마수제비

1 생고구마를 깨끗이 씻어서 껍질을 벗긴 뒤 강판에 갈아 체로 친다.
2 고구마 가루를 햇볕에 바짝 말려 보관해 둔다.
3 고구마 가루로만 반죽하면 질질 처져버리니, 고구마 가루와 밀가루를 7:3의 비율로 섞어서 반죽한다.
4 물을 넉넉히 붓고 쌀죽을 끓이다가 고구마 반죽을 떼어 넣는다.
5 한소끔 끓여 수제비 반죽이 익으면 먹는다.

03 가란도
물김석화볶음
낙지 구덕 가란도 여신들의 레시피

가란도는 갯벌의 섬이다. 가란도 갯벌에서는 잠깐 바다가 갈라지는 기적 따위는 기적 축에 끼지도 못한다. 하루 두 번, 모세의 기적보다 더한 기적이 일어난다. 썰물의 시간이면 드넓은 바다가 흔적도 없이 사라지고 광활한 갯벌이 나타나길 반복한다.

기적의 갯벌에서 맨손으로 낙지를 잡는 할머니는 영원의 사제요, 갯벌의 현자다. 지난 여름은 너무 가물었고 더구나 비가 내린 뒤 끝이라, 낙지 구덕으로 유명한 가란도 갯벌이지만 도무지 낙지가 잘 잡히지 않는다.

"함마이(할머니) 오늘 비가 왔다고 왜 낙지가 잘 안잡힌다우?"

나그네의 어리석은 질문에 돌아오는 현답.

"아자씨는 비오는디 비 맞고 밖에 나돌아댕기것소?"

정신이 번쩍 들게 만드는 한방이다.

가란도는 압해도에 딸린 작은 섬이다. 압해도 남단 분매리와 인
도교로 연결되어 있다. 1.6km²의 땅에 46가구 60여 명의 사람들
이 살아간다. 가장 높은 곳이라야 74.5m에 불과한 아주 낮은 섬이
다. 섬에서 벼농사도 제법 짓지만 광활한 갯벌에서 나는 산출이 크
다. 낙지, 감태, 석화, 바지락, 대롱이(모시조개)가 주요 해산물이다. 예
전에는 꼬막도 많이 났지만, 요즈음 거의 안 나온다. 한때는 김 양식
으로 큰 소득을 올리기도 했다. 김 양식 덕에 부자섬 소리를 듣기도
했으나 한때 김값이 폭락하면서 양식업자들은 모두 섬을 떠났다.

가란도 들판은 추수철이다. 머리 허연 할머니들이 들깨를 털기도
하고 콩을 수확하기도 한다. 콩을 타작한 뒤 티를 날리고 있는 할머
니. 나이가 제법 많아 보이시는데 어째 허리가 꼿꼿하시다. 87세나
되셨다는데 평생을 농사짓고 갯벌에 나가 갯것을 하며 사셨다는데
허리가 전혀 굽지 않았다. 동네 분들 말씀이 아직도 갯벌에 나가면
달리기는 1등이시란다.

"뻘바닥에서 담박질 치면 1등이요. 고기도 안 묵고 된장국이랑
밥만 묵어라우."

할머니는 18살 때 나주서 섬으로 시집왔다. 중매였다.

"그때는 정해준 대로 안 가믄 아부지한테 맞어죽었지라우."

할머니뿐만 아니라 90세 넘으신 영감님도 아주 건강하시다. 영감님은 아직도 직접 경운기로 논밭을 갈아 논농사, 밭농사를 다 짓는다. 할머니와 달리 영감님은 고기를 드신단다.

"영감은 인자도 농사 지어라우. 아주 꼿꼿해요. 경운기 끌고 나가서 '로타리'도 치고, 동네서도 다 놀랜다우, 밭농사도 있고 나락도 있고. 이날 입때까지 농사만 지었는디."

구순의 노인이 경운기 끌고 논을 가는데 어찌 놀랄 일이 아닐까. 친구분들은 다들 이승을 뜬 지 오래다.

"친구들은 다 여항(저승)으로 갔어라우. 나보다 어린 사람들도 다들 기어다녀라우. 다들 신기하다고 합디다."

밭일에, 갯일에 허리 펴고 살 날 없었던 섬 할머니들은 다들 호미처럼 허리가 굽어서 기다시피 유모차를 밀어야 걸어다닐 수 있다. 그런데 할머니는 허리도 빳빳하고 무거운 짐을 끌고서도 척척 잘도 다니신다.

"어쩌까라우. 우리 집에 있음 커피라도 대접할 텐디. 가다가 우리 집 감나무서 감이나 따 드시고 가시오."

집이라면 커피 한잔이라도 대접할 텐데 미안하다고 하시며 가는 길에 할머니 집에 감나무가 있으니 감 하나 따먹고 가라고 집까지 일러주신다. 나는 초월적 신을 믿지 않지만, 신이 있다면 이런 할머니야말로 진정 신이라고 믿는다. 이런 여신님들의 은총으로 오랫동안 무탈하게 섬을 다니고 있다. 감사하고 또 감사한 일이다. 할머니는 핸드폰도 없고 자신의 집 전화번호도 모르신다. 여신에게 그런 문명의 이기가 무슨 소용 있으랴.

가란도는 마을이 하나뿐이다. 마을회관 지나 큰 무화과나무가 서 있는 집 마당을 기웃거리니 주인 할머니가 마루에 앉아 고구마순 껍질을 벗기고 있다. 마당 수돗가의 바가지에는 대롱이조개가 담겨 해감 중이다. 대롱이조개로 끓인 국은 해장국으로 최고다. 대롱이든 뭐든 조개는 해감을 시켜서 모래나 펄을 뱉어내게 한 다음에야 식용이 가능하다. 해감을 잘 시키기 위해서는 조개를 담아놓은 물에 쇳덩이를 넣으면 도움이 된다고 알려주신다. 숟가락이나, 동전 같은 것을 넣어두면 다 뱉어낸단다. 금속성분이 조개를 자극해서 펄을 토해내게 하는 듯하다. 대롱이 바가지에도 숟가락이 들어 있다. 삶의 지혜다.

할머니는 가란도 갯벌에서 낙지가 '어마어마하게 나온다'고 자랑이다. 섬 주변을 둘러서 낙지가 나는데 목포 배들도 와서 주낙으로 잡아간다. 예전에는 밤이면 횃불을 들고 나가 낙지를 잡았지만, 요즈음은 서치라이트를 비추며 낙지를 잡는다. 몇몇 할머니들은 맨손으로 잡기도 한다. 낙지는 3-6월 말까지 또 8-12월까지 주로 잡는다. 겨울에도 잡지만, 그 양이 많지 않다. 낙지는 정조기인 조금 물때의 썰물에 많이 잡힌다. 가란도에서도 낙지를 볏짚 불로 구워 먹는

<가란도 갯벌의 어머니>

낙지호롱구이가 별미다. 호롱은 볏짚의 우리말이다. 살짝 쪄낸 낙지에 양념을 바른 뒤 볏짚에 둘둘 말아 다시 살짝 구워 먹는 요리다.

무화과나무 집 주인 할머니는 무안 일로가 고향이다. 가란도로 시집와서 내내 살았다. 지독하게 고생만 했다.

"일로 월항리가 고향인디 뭐할라고 여그까지 와버렸어라우. 일은 안 한 지 몇 년 됐소. 인자 일 안 하고 살아볼라고 그라요. 막내도 일 안 시키요, 그래서. 징하게 고생해서 골병만 남았소. 일 안 해도 묵고 살 것인디 머 할라고 그 고생했는지 모르겠소. 젊은 맛에 했지. 몸 안 애끼고 일 했드니 남는 것은 골병뿐입니다."

할머니는 길손에게 집에서 키운 토종 무화과를 건네주신다. 무화과는 위가 아니라 아랫부분부터 껍질을 벗겨 먹는 거라고 알려주신다.

"무화과는 아무리 먹어도 탈나는 벱이 없어."

토종 무화과는 작지만 달디달다. 진짜 꿀맛이다.

"무화과는 다 따 묵으면 베어부러. 감나무도 다 따 묵으면 베어부러."

무화과 열매는 새순에서 달린다. 그래서 열매를 따낸 뒤 '강둥하게' 가지를 다 잘라 준다. 그래야 열매가 잘 열린다.

할머니는 갯바닥이랑 땅을 기며 고생고생해서 3남 2녀를 키워냈다. 10여 년 전 귀향한 막내는 고생 안 시키려고 일을 못하게 한다. '징하게' 일 안 해도 먹고 사는 데는 지장 없다는 깨달음을 뒤늦게 얻은 것이다. 할머니로부터 가란도의 여러 가지 해초 요리비법을 듣는다.

예전만은 못하지만, 가을 겨울이면 여전히 갯벌에서는 감태가 나온다. 감태로 김치를 담그는 것은 기본이다. 가란도 갯벌에서 나는 감태와 석화(굴)를 넣고 전을 부치면 그렇게 맛날 수 없다. 감태굴전도 가란도의 가을, 겨울의 별미다.

육지 사람들은 김 요리라면 마른 김밖에 모르는 이들이 대부분이다. 하지만 섬사람들은 마른 김보다 물김요리를 좋아한다. 특히 물김국의 그 시원함은 어떤 해초국도 따라올 수 없다. 물김은 요리법도 다양하다.

굴실가리볶음도 자주 해서 먹는 메뉴다. 굴과 실가리(시래기)를 넣고 참기름으로 볶다가 물을 조금 부어 자박자박하게 끓여낸다. 굴은 겨울 섣달 대목이 가장 실하고 맛있다. 이때 굴을 넣으면 어떤 음식이든 맛나지 않은 것이 없다.

신안 바다의 김 양식장은 부류식보다 지주식이 많다. 부류식에 비해 지주식으로 키운 김이 수확량은 적어도 맛은 뛰어나다. 김의 맛은 당도가 좌우하는데 늘 물속에 잠겨 있는 부류식 김과 달리 지주식은 하루 두 번씩 썰물 때면 햇볕에 노출되기 때문에 당도가 높은 것이다. 햇볕 많이 받은 과일이 단 것과 같은 이치다. 맛있는 김은 단맛이 강하면서도 아삭아삭해야 한다. 입안에서 씹을 때 질기지 않고 잘 깨지며 감칠맛이 난다. 햇볕을 듬뿍 받은 지주식 김이 그렇다. 김은 곱창김, 참김, 돌김 등 종류가 다양한데 차가운 물에서 잘 자라는 해초인 김은 일반적으로 1월 하순에서 2월 한 달 동안 나오는 것을 최상품으로 친다. 좋은 김은 빛깔로 구분한다. 보통 새까만 김이 좋은 줄 알지만, 맥주병 같은 색깔이 나는 김이 상품이다. 황태처럼 찬 바닷바람에 얼었다 녹았다 하면서 김의 색은 점차 맥주병처럼 갈색으로 변한다. 지금은 대부분 건조기로 말리지만 옛날처럼 태양에 말린 것이 더 맛있다.

한때 신안군에는 김 공장이 200여 개나 될 정도로 많았지만,

1995년경부터 10년 정도 김 사업이 어려움을 겪으면서 다들 문을 닫고 지금은 20여 개만 남았다. 어려움을 겪던 김 양식 어가가 다시 일어서기 시작한 것은 4-5년 전, 수출이 활성화되면서부터다. 한국에서는 연간 1억3천만 속(톳) 정도의 김이 생산되는데 내수가 49%, 수출이 51% 정도다. 수출이 더 많다. 97개국으로 수출한다. 갈수록 김을 먹는 나라가 늘어나고 있다. 농수산물 수출액 중 9위일 정도로 급성장했다. 최대 수출국은 예상외로 중국이나 일본이 아니라 미국이다. 밥이 주식이 아닌 나라에서 웬 김인가 싶지만, 미국인들은 김을 반찬이 아니라 스낵으로 소비한다.

〈물김요리 한상 차림〉

김은 세계적으로 약 80종 이상, 우리나라에는 10여 종의 종류가 있는데 대규모로 양식하는 나라는 한국, 중국, 일본뿐이다. 김 양식의 생산단가는 중국보다 한국이 싸다. 그래서 중국과 비해서도 경쟁력이 높다. 햇볕은 김에 붙는 해충을 퇴치해 주기 때문에 이끼나 병충해 제거를 위해 약물을 쓸 필요도 없다. 지주식으로 친환경 유기농 김 생산이 가능한 것은 그 때문이다. 신안군은 7,138ha 중 80% 이상이 지주식 김 양식이다. 물속에 잠겨서 24시간 성장하는 부류식에 비해 지주식 양식의 생산량은 절반 정도다. 지주식 김의 가격이 좀 더 비싼 이유다.

김은 1640년경 광양 태인도에 살던 김씨(김여익)가 최초로 양식을 했다 해서 김이라 불린다지만, 옛날부터 김은 신안 섬 지역의 특산물이기도 했다. 1530년 편찬된 『신증동국여지승람』에 '해의(김)가 가거도나 장산도 등의 토산품'이라고 기록되어 있다.

밥상의 감초인 김. 김은 우리 밥상에서 빠져서는 안 될 음식이 된 지 오래지만 김을 먹는 방법은 너무 단순하다. 김밥 아니면 김무침 정도다. 하지만 섬의 김 요리는 다양하다. 김국, 김덖음, 김청국장찌개, 김전 등 무궁무진하다. 물론 이런 김 요리들은 물김이 나오는 철에만 가능하다. 그래도 김국은 마른 김으로도 끓일 수 있다. 냉국도 따뜻한 국도 가능하다. 먼저 마른 김을 살짝 구운 다음, 온수든 냉수든 준비된 물에 구운 김을 손으로 부숴 넣는다. 그다음 취향에 따라 간장이나 소금으로 간을 한 뒤 참기름 한 방울을 떨어뜨리면

〈물김국〉 　　　　　　　　　　　　　〈청국장김국〉

끝이다. 김냉국에는 오이 같은 생채소를 곁들여도 좋다.

　물김된장국은 멸치나 다시마 등으로 육수를 낸 뒤 된장을 풀어서 끓인다. 속풀이 해장에 그만이다. 가란도에는 특별한 김국도 있다. 청국장김국이다. 찬바람에 언 몸을 따뜻하게 해주고 해독까지 시켜준다. 청국장을 풀고 김을 넣은 뒤 끓인다. 굴을 넣어도 좋다. 간은 된장이나 집 간장으로 한다.

　기름 없이 볶아내는 물김볶음은 건강한 조리법이다. 프라이팬에 물김을 넣고 뜨거운 열을 가해 김이 익을 만큼 볶아낸 뒤 대파를 넣고 소금 간을 한 후 상에 낼 때 참기름을 치면 끝이다. 물김 요리의 세계는 무궁무진하다. 쉽고 간단한 조리법이지만 물김 요리야말로 겨울 섬 음식의 백미다.

 **물김석화볶음**

1 물김을 민물에 깨끗이 씻어서 바구니에 담아서 물기를 뺀다.
2 물기가 쭉 빠진 물김을 프라이팬에 넣고 볶는다.
3 물김을 볶은 프라이팬에 굴을 넣고 물기가 날아가게 들들 볶는다.
4 익으면 참깨를 조금 넣고 소금 간을 한다.
5 상에 낼 때 참기름을 친다.

04 기점도
고구마묵

고구마의 재발견, 쫄깃쫄깃한 식감

　　기점도는 대기점도, 소기점도 두 섬을 통칭하는 지명이다. 기점도는 바다가 갈라지는 모세의 기적을 날마다 볼 수 있는 섬이다. 기적이 일상인 섬. 갯벌 사이에 난 노두길(본래는 갯벌 사이를 이어주는 징검다리)로 연결된 신안의 병풍도와 대기점도, 소기점도, 소악도 등 다섯 개의 섬들은 하루 두 번 밀물 때면 분리됐다가 하루 두 번 썰물이면 하나가 된다. 썰물 때면 섬들 사이의 왕래를 가로막던 바다가 마술처럼 사라지고 땅이 나타난다. 광대한 갯벌이다. 바다가 땅이 되고 땅이 또 바다가 되는 기적을 목격할 수 있으니 섬에서는 삶이 곧 기적이다. 이 섬들 일대의 갯벌은 람사르습지이자 유네스코생물권보존지역이면서 갯벌도립공원이고 습지보호구역이기도 한 최고의 갯

<기점도 썰물 때 드러나는 광대한 갯벌>

벌이다. 바다와 갯벌이 보여주는 마술 같은 기적은 그 자체만으로도 감동적이지만 한 번에 다섯 개나 되는 섬을 모두 가볼 수 있다는 것도 큰 매력이다. 섬에서는 자연이 연출하는 이 경이로운 기적을, 달과 태양, 지구가 연출하는 과학을 몸소 체험할 수 있다.

기점도의 밭에서는 자잘한 돌들이 많지만, 주민들은 굳이 돌을 골라내지 않는다. 돌이 많은 밭에서 농사가 잘 될까? 돌 하나 없이 매끈한 옥토가 농사가 잘 될까? 너무 뻔한 질문 같아 보이지만, 답은 뻔하지 않다. 결론부터 말하면 돌밭이 수확량이 월등히 많다. 그래서 섬사람들은 밭에서 큰 돌은 골라내도 자잘한 돌들은 그대로 둔다. 어째서 돌밭의 수확량이 많은 걸까? '돌이 오줌을 싸주기 때문'이란다. 맨흙으로만 이루어진 땅은 햇볕이 강하면 수분이 다 날아가 버려 땅이 바짝 마른다. 그러니 농작물의 생장이 더디다. 하지만 돌이 많이 섞인 땅은 돌들이 수분을 머금고 있다가 햇볕을 받으면 수분을 뿜어낸다. 자연히 땅이 촉촉해지고 농작물은 빨리 자라고 더 커진다. 섬사람들은 그것을 '돌이 오줌을 싼다'라고 표현한다. 얼마나 멋진 은유인가!

요즈음 특히 고구마 농사로 유명한 지역에서는 점차 돌밭이 사라지고 매끈한 땅만 남고 있다. 돌들을 다 골라내버리기 때문이다. 그 지역 주민들도 돌밭의 수확량이 더 많다는 것을 잘 안다. 그런데도 적은 수확량을 택하는 것은 순전히 도시 소비자들 취향 때문이다. 도시 소비자들이 매끈한 것만을 선호하는 까닭이다. 그래서 소비자의 입맛에 맞추기 위해 적은 양의 수확을 택하는 것이다. 수확량이 적으면 가격은 올라갈 수밖에 없다. 맛이 더 좋거나 영양가가 더 높은 것도 아닌데 단지 매끈하게 생겼다는 것만으로 더 많은 비용을 지불하고 고구마를 사 먹는 심리는 무얼까. 돌을 골라내고 흙만 남으면 비가 왔을 때 흙의 유실도 심할 수밖에 없다. 도시 소비자들의 고구마 취향이 생산량도 떨어뜨리고 농토를 망치는데도 기여하고 있는 셈이다.

〈기점도 물김덖음〉　　　　　〈기점도 낙지탕탕이〉

〈기점도 물김돼지고기덖음〉　　　　　〈기점도 팥칼국수〉

　　기점도에는 아주 특별한 고구마 요리가 있다. 도토리묵, 메밀묵,
청포묵, 우무, 바옷묵, 벌버리묵(박대껍질묵) 등 여러 종류의 묵들을
먹어봤지만, 고구마묵은 대기점도에서 처음 맛봤다. 묵은 고구마전
분으로 만든다. 고구마전분과 물의 비율은 1:5 정도. 고구마 전분과
물을 잘 섞은 뒤 불에 올리고 눋지 않게 계속 저어주다가 끓기 시작
하면 3-5분 정도 더 저어준 뒤 불을 끈다. 눋는 것을 방지하기 위해
불을 끄고서도 한동안 더 저어준다. 다른 그릇에 옮겨 붓고 식혀주
면 묵이 완성된다.

흔히 접하는 일반적인 묵들은 대체로 잘 부서진다. 입안에서 씹는 맛도 별로 없다. 하지만 고구마묵은 다르다. 쫄깃쫄깃하다. 그러면서도 부드럽다. 무릎을 딱 치게 만드는 맛. 식감도 좋은데다 고구마의 달콤함이 혀끝을 자극해서 자꾸 손이 가게 만든다.

기점도에서는 고구마묵은 물론 고구마수제비나 고구마팥칼국수를 해서 먹기도 한다. 가을에 캐서 저장해둔 고구마는 겨울이 깊어갈수록 맛도 깊어진다. 수분은 날아가고 당분이 많아지기 때문이다. 고구마뿐이랴! 쓸쓸하지만 더없이 고적한 겨울 섬은 고구마 맛처럼 저 홀로 깊어간다.

 고구마묵

1 고구마전분과 물의 비율은 1:5 정도. 고구마 전분과 물을 잘 섞은 뒤 불에 올리고 눋지 않게 계속 저어준다.
2 끓기 시작하면 3-5분 정도 더 저어준 뒤 불을 끈다.
3 눋는 것을 막기 위해 불을 끄고서도 한동안 더 저어준다.
4 다른 그릇에 옮겨 붓고 식혀주면 묵이 완성된다.

05 장산도
기젓국

게장보다 더한 밥도둑

"밥을 해 놓으면 기름 발라 놓은 것처럼 번들번들해요. 개오리쌀 묵으면 죽은 송장도 무겁다 했어라우."

장산도 쌀이 그리 좋다는 자랑이다. 신안군의 섬 장산도는 들녘이 넓다. 섬인데도 어부가가 아니라 그 유명한 장산도 들노래가 전수되고 있는 것도 그 때문이다. 우리나라의 많은 섬들이 그렇듯이 장산도 역시 섬이지만 농사가 주업이다. 특히나 신안군에서는 증도와 함께 장산도 쌀의 명성이 드높았다. 장산도 도창리는 조선시대 세곡을 거두어 보관하던 창고까지 있었다. 백제시대 석실고분들도 남아 있어 고대부터 장산도가 대규모 해상 세력의 근거지였음을 추정케 한다. 들이 넓으니 곡식이 풍성해서 가능했던 일이다. 정유재란 때

명량해전 후 이순신 장군이 잠시 주둔하며, 왜군의 보복으로 전사한 셋째 아들 면의 부고를 듣고 피눈물을 흘리던 곳이 바로 장산도의 대성산성이다.

장산도 쌀이 오죽 맛있었으면 그 밥맛 좋다는 경기 이천 쌀로 둔갑해 팔려가기도 했을까. 장산도에서 간척지 쌀이 나오면서 이제 그 명성이 퇴색했다. 본래 장산도 들녘에서 산출되던 맛좋은 쌀과 간척지 쌀이 뒤섞여 도정되면서 특색이 사라져버린 것이다. 하지만 장산도에서는 아직도 '장산도 쌀, 개오리 쌀'이 나온다. 그 쌀들은 대부분 가족 친지들끼리 나눠 먹는다. 쌀이 좋은 것은 식은 밥을 먹어 봐야 아는데 장산도 쌀로 지은 밥은 식은 밥도 기름이 자르르 흐르고 단맛이 돈다. 도창리 인근 땅들처럼 간척지 논이 아니라 본래부터 있었던 장산도 들녘 쌀이 좋은 것은 땅심이 깊어서다. 몇 미터를 파 내려가도 자갈이나 암반이 안 나오는 기름진 땅이다.

장산도 주변 해역은 모래가 없고 온통 뻘밭이다. 신안의 갯벌 중에서도 장산도 갯벌을 으뜸으로 친다. 서해안 뻘낙지 중에서도 장산도 낙지를 최고로 알아주는 것도 그 때문이다. 하지만 장산도 갯벌이라고 다 같지는 않다. 절반 정도는 평범하고 절반 정도만 뻘이 좋다. 그래서 오음리, 대머리, 시미리 쪽 뻘에서 나오는 해산물을 더 알아준다. 그 건너 옥도와 신의도 쪽 일부 뻘밭도 역시 기름지다. 목포에서도 '장산도 낙지는 모두 뒷구멍으로 빠져나간다'라는 말이 있는데, 귀하고 맛있어서 상회 주인들이 단골들에게만 몰래 빼돌려 판다는 뜻이다.

예전 장산도 사람들이 가장 즐기던 반찬은 '기젓국'이다. 그 좋은 뻘에서 나온 칠게로 담은 칠게젓을 말한다. 갯벌에서 칠게를 잡아다 소금에 절여뒀다가 갈아서 삭혀 먹는 요리다. 기젓국은 통으로 담는 게젓과는 달리 갈아서 담그니 먹기도 쉽고 하나도 버릴 것이 없다. 섬 사람들의 지혜가 밴 음식이다. 장산도에서는 여전히 기젓국을 만들어 먹는다. 칠게는 키토산 덩어리다. 칠게로 만든 기젓국은 키토산이 많이 함유된 껍질을 단 한 조각도 버리지 않고 다 먹을 수 있다. 장산도에서도 지금은 쌀로 지은 기름진 밥에 올려 먹지만, 예전에는 보리밥에 비벼 먹었다. 그것이 진짜배기였다.

능산도에서도 기젓국을 보리밥에 비벼 먹는 것이 별미다. 능산도 기젓국 만드는 법도 장산도와 크게 다르지 않다.

능산도는 14가구 25명이 사는 아주 작은 섬이다. 섬의 뒷산이 묘지 봉분 모양이라 능메, 늘메, 능산이란 이름을 얻었다. 실제로 바위산인 뒷산은 둥그런 능의 형태다. 본래는 세 개의 마을이 있었는데 통구미, 북구미 두 마을은 폐촌이 되고 지금은 장산도 땅머리(당두)와 마주 보는 원능산 마을에만 사람들이 살고 있다. 예전에는 해태(김)나 미역 양식을 많이 했었다. 선착장 주변에 폐가로 남은 것은 예전 미역 가공공장으로 쓰던 건물들이다. 지금은 다들 전복 양식으로 업종을 바꾸었다. 미역, 다시마 같은 해초도 전복에게 먹일 용도로 기른다. 섬에서는 꽃게잡이도 성행했었다. 그래서 마을 앞 갯벌

〈능산도 섬 집〉

에는 잡은 꽃게를 가둬놓고 기르던 꽃게 축양장의 흔적도 남아 있다.

　예전 능산도 사람들은 톳밥을 해먹기도 했는데 쌀이 귀하니 톳과 보리를 넣은 톳보리밥이었다. 지금으로 치면 아주 특별한 건강식을 늘 먹고 살았던 것이다. 잔치나 당제를 모시는 마을 공동체 행사 때는 주로 가포래돼지국밥을 가마솥 가득 끓여 온 섬마을 사람들이 다 같이 나눠먹었다. 가포래돼지국밥은 돼지 삶은 물에 돼지고기 부산물과 가포래(갈파래)에 된장을 풀고 푹 끓인 것이다. 거기에 마늘, 고춧가루, 대파 등을 고명으로 넣는다. 양파는 넣지 않고 간은 된장으로만 한다. 제주도 몸국과 비슷하다.

능산도에서도 기젓국을 보리밥에 비벼 먹는 것이 별미다. 능산도 기젓국 만드는 법도 장산도와 대동소이하다.

보리밥을 잘 짓는 것은 여간 까다로운 일이 아니었다. 거칠고 단단한 보리는 쌀처럼 그리 쉽게 익지 않는다. 도정하거나 절구통에 찧은 보리를 먼저 한번 삶아 놨다가 다시 솥에 넣고 불을 때 밥을 지었다. 그 보리밥도 금방 지은 밥보다는 한나절쯤 지난 것이라야 더 찰지고 맛있다. 아침에 밥을 지어 먹고 그대로 뚜껑을 덮어 점심 때까지 가마솥에 놔두면 솥의 남은 열기로 보리밥이 차츰 물러져 눅진하고 낭창낭창하니 찰밥처럼 부드럽고 찰기가 생긴다. 쌀을 넣지 않아도 맛있다. 그것이 진짜 보리밥이다. 그 찰진 보리밥에 기젓국을 넣고 비벼먹어야 제맛이었다. 지금 보리밥들은 그런 맛이 안 난다. 쌀은 쌀대로 보리는 보리대로 궁글러다니면서 논다. 가마솥으로 제대로 지은 찰진 보리밥에 비벼먹는 기젓국, 잊을 수 없는 진정한 고향의 맛이다.

기젓국

1 갯벌에서 잡아온 칠게의 배 딱지를 떼어내 민물에 깨끗이 씻는다.

2 물기를 쭉 뺀 칠게를 소금에 절인 뒤 절구통에 찧어서 가루를 만든다.

3 바로 생으로 먹기도 하고 일주일쯤 발효시킨 뒤 먹기도 한다.

4 지금은 칠게를 급냉 시켰다가 먹을 때 갈아서 기젓국을 만든다.

5 기젓국은 그냥 먹기도 하지만 마늘, 풋고추 등 양념과 버무려 내기도 한다.

6 밥을 할 때 양푼을 밥솥 안에 넣어두면 밥물이 고인다. 이 밥물을 기젓국에 섞어서 먹으면 짜지도 않고 더 구수한 맛을 낸다.

7 기젓국 비빔밥은 보리밥에 양념된 기젓국을 올리고 시금치나 숙주나물 등을 곁들여서 비빈다. 오이냉국을 곁들여 먹으면 더욱 좋다.

06 도초도
감성돔젓국

감성 돋는 그 맛

　나이가 칠십인데도 할머니는 '연애한 이야기만 하면 아직도 열이 오르고 가슴이 두근두근거린다'라고 하신다. 할머니는 도초도 외남 리가 고향이다. 도초에 나서 도초로 시집와 평생 섬에서만 살았다. 5 살 위의 남편은 같은 동네 총각이었다. 18살 때부터 연애를 했다. 처 녀는 도초도에서 학교를 다녔고, 총각은 광주에서 학교를 다녔다.

　방학 때 고향에 온 총각이 자전거를 타는 것을 보고 '상당히 멋 지다'는 생각이 들었다. 그때 마음을 빼앗겼다. 처녀가 청년을 따라 다니며 같이 놀던 어느 날, 함께 고갯길을 넘어가는데 총각이 처녀 의 팔을 잡았다.

　"거기 앉아봐. 할 말 있어."

〈도초도 감성돔젓국〉

둘은 살짝 떨어져 앉았다.

"나한테는 동생도 없고 그래서 외로우니 에스동생 해라."

총각이 말을 건넸다. 하지만 처녀는 당돌하게 동생 하라는 제안을 거절했다.

"동생은 무슨 동생. 연애나 하면 되지."

그렇게 4년의 연애 끝에 스물둘 결혼을 했는데, 새댁이 어느새 노인이 돼버렸다. 돌아보니 연애 시절이 제일 행복했다.

"결혼한 뒤에는요?"

나그네가 짓궂게 묻자 돌아온 대답.

"결혼하자마자 고난이었지."

할머니는 자식들 키우기 위해 오랫동안 도초도에서 식당을 했다. 하지만 이제 곧 접을 생각이다. 칠순이 되면서 일을 더 하지 않고 오롯이 자신을 위해서만 살 생각을 굳혔다.

"돈 더 벌어서 머 하겠소. 팔십 넘으면 돈이 있어도 쓰지도 못할 텐데."

맘대로 움직일 수 있는 남은 10년이 소중하다는 것을 비로소 깨달은 것이다. 움직일 수 있을 때 진짜 가치 있게 살아야겠다고 생각했다. 계기가 있었다. 여든다섯 먹은 언니가 형부로부터 약간의 현금 유산을 받았는데 돈이 있어도 쓸데가 없다고 하소연했다. '어디 걸어 다니기도 힘드니 옷 입고 뽐내고 다닐 수도 없고' 그래서 나이가 들수록 돈이 필요 없다는 것을 깨달았다.

이제는 '심심하면 책도 읽고 민요도 배우러 다니며' 산다.

"숨을 길게 빼고 목청껏 부를 수 있는 게 민요여."

민요를 힘껏 부르고 나면 그렇게 속이 시원할 수가 없다. 자식들은 출가하고 영감은 먼저 이승을 떠났다. 홀로 된 할머니는 돌고 돌아 가족의 굴레를 벗고 처녀 시절처럼 이제 다시 자유인이 됐다.

'자유인'이 된 할머니의 레시피는 감성돔젓국. 명절이나 제사상에 올랐다 남은 생선으로 끓인 국을 남도 섬 지방에서는 젓국이라 부른다. 할머니는 명절상에 올랐던 감성돔구이로 젓국을 끓인다. 서

산, 태안 해안지역에서 우럭젓국이 입소문 나면서 내륙 사람들도 마른 생선으로 끓이는 젓국의 깊은 맛을 알게 됐다. 생선은 말리면 아미노산이 풍부해져서 더욱 고소한 맛을 낸다. 젓국도 마른생선을 그대로 끓이는 것보다는 한번 굽거나 쪄서 끓이면 그 고소한 풍미가 더해진다. 그래서 섬 지방에서는 마른 생선을 굽거나 쪄서 익힌 뒤에 다시 끓여 먹는 젓국 요리법이 발달했다.

요즘은 건조기가 있어서 사시사철 생선을 말리지만, 생선을 말리기 가장 좋은 계절은 습기 없고 볕 좋은 가을, 겨울이다. 생선들은 이때 대부분 월동을 위해 살을 찌운다. 그러니 당연히 추울 즈음에 말리는 생선이 더 맛있다. 예전에는 말린 생선들은 보통 대나무로 만든 석작(바구니)에 차곡차곡 담아서 시렁에 올려 보관했다. 그러다 귀한 손님이라도 오면 꺼내 대접하곤 했다.

할머니는 구운 감성돔을 미리 받아 둔 쌀뜨물에 넣고 끓인다. 30분 남짓 끓으니 뽀얀 국물이 우러난다. 이미 간이 된 생선이라 젓국은 따로 간을 하지 않아도 간이 맞다. 할머니가 곰국처럼 뽀얗게 끓여낸 감성돔 젓국 한 수저를 뜨자, 치즈라도 넣은 것처럼 고소한 맛이 입안 가득 퍼진다. 비린내가 전혀 없다. 원재료가 싱싱한데다 한번 익혔던 생선으로 조리를 한 까닭에 비리지 않고 고소함이 배가 된 것이다. 소울푸드란 이런 요리를 두고 이르는 말일 터다. '내 영혼의 젓국'이다.

 감성돔젓국

1 말린 감성돔을 물에 30분 정도 물에 담갔다가 굽거나 찐다.
2 쌀뜨물에 익힌 감성돔을 넣고 30분 정도 끓인다.
3 끓은 젓국에 고추, 마늘, 양파, 대파 등의 양념을 넣고 5분 남짓 더 끓인다.
4 다 끓여낸 감성돔젓국에 참깨를 뿌리고 참기름 한 방울을 친다.
5 이미 간이 된 생선이라 따로 간을 하지 않는다.

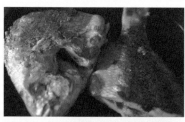 

07 반월도
보리숭어구이

바다의 등을 때려서 잡은 숭어

신안의 섬, 반월도에는 물 위를 걷는 어부들이 산다! 어부생활을
오래 하다 보면 물 위를 걷는 기적쯤 아무렇지도 않게 행할 수 있는
걸까? 아직도 섬에 남아 있는 전통어로법인 숭어 후리질 풍경이다.
참으로 살아 있는 문화재다. 어부들은 긴 장대를 들고 바닷물 표면

〈반월도 전통어로법인 숭어 후리질〉

〈전통어로법인 숭어 갯치기〉

을 후려친다. 얕은 바다, 뻘밭에 들어왔던 물고기들이 도망치지 못하게 한군데로 몰아간 뒤 그물로 포획하는 어법이다.

숭어 갯치기도 비슷한 전통어로법이다. 썰물 때 물이 빠진 갯고랑 양쪽에 그물을 쳐놓고 배를 타고 다니며 바닷물 표면을 장대로 내려친다. 여름에는 숭어들이 주로 수면 가까이 떠다니기 때문에 그물을 쳐도 훌쩍 뛰어넘어 버린다. 그런 물고기들을 포획하는 방법이 갯치기다. 장대로 바다를 후려치면 놀란 물고기들이 물속 깊이 숨어서 도망가다가 그물에 걸려드는 것이다.

요새 숭어는 흔한 물고기라 별 대접을 못 받는 편이지만 지금의 이름인 '숭어(崇魚)'나 옛 이름인 '수어(秀魚)'에서 볼 수 있듯이 결코 하찮은 물고기가 아니다. 숭어(崇魚)의 '숭'은 높을 숭이다. 옛 이름 '수어(秀魚)'의 '수'는 빼어날 수다. 숭상(崇)받는 빼어난(秀) 물고기였다. 흔한데다 철에 따라 맛의 차이가 워낙 크기 때문에 천대받기도 하지만, 참숭어든 가숭어든 제철에는 다른 어느 생선보다 맛이 뛰어나다. 그래서 『자산어보』에는 '맛이 좋아 물고기 중에서 제일이다' 했다.

숭어는 옛날부터 음식이면서 약재로도 귀하게 쓰였다. 『난호어목지』에 '숭어를 먹으면 비장(脾臟)에 좋고, 알을 말린 것을 건란(乾卵)이라 하여 진미로 삼는다' 했으며 『향약집성방』, 『동의보감』에도 '숭어를 먹으면 위가 편안해지고 오장을 다스리며, 오래 먹으면 몸에 살이 붙고 튼튼해진다. 이 물고기는 진흙을 먹으므로 백약(百藥)에 어울린다'고 했다.

숭어를 부르는 이름은 지역과 크기에 따라 다양하다. 밀치, 몬치, 넘금이, 글거지, 애정이, 무근사슬, 미렁이, 덜미, 나무래미, 걸치기, 객얼숭어, 댕기리, 덜미, 뚝다리, 모그래기, 모대미, 모쟁이, 숭애 등 그 이름만 무려 100여 가지에 이른다. 신안 지역에서는 가장 큰 것은 숭어, 그 다음은 동애, 그 다음은 못치, 가장 작은 새끼는 곡사리라 부른다. 어부가 아니고서는 구분하기도 어렵고 곡사리부터 숭어까지 맛도 다르고 요리법도 다르다.

숭어는 이름 때문에 논란이 많은 물고기이기도 하다. 가장 흔한

〈아침 출어를 준비 중인 반월도 어부〉

논쟁거리는 어떤 것이 가숭어고 참숭어냐는 것이다. 어느 지역에서는 참숭어라 부르는 것을 또 다른 지역에서는 가숭어라 부른다. 엄연히 숭어란 이름으로 불러왔는데 어느 순간부터 가숭어로 둔갑하기도 한다. 결론부터 말하면 더 맛있어서 참숭어가 아니듯 덜 맛있어서 가숭어도 아니라는 사실이다. 어느 쪽이든 제철이면 맛이 뛰어나고 철이 지나면 맛이 덜하다. 논란은 지역별로 부르는 이름이 다른 것과 더불어, 이름이 주는 부정적 이미지를 벗어나고자 가숭어에게 참숭어란 이름을 달아주면서 혼란이 생긴 때문이다. 가숭어가 참숭어로 불리면서, 멀쩡히 숭어라 불리던 것이 어느 날 갑자기 가숭어로 뒤바뀌기도 했다.

국립수산과학원 해양생물종다양성정보시스템의 숭어와 가숭어의 분류법은 이렇다. '숭어는 머리가 납작하고 까만 눈동자 주변 눈자위가 희고, 가숭어는 눈을 덮은 작은 기름 눈꺼풀이 노랗다.' 하지만 신안에서는 눈자위가 노란 것을 참숭어로 흰 것을 가숭어로 부른다. 국립수산과학원의 분류와 정반대다. 통영에서도 눈자위가 노란 것을 밀치라 하고 눈자위 검은 것은 그냥 숭어라 한다.

신안의 흑산도에서 저술된 『자산어보』에도 (참)숭어는 '몸은 둥글고 검으며 눈이 작고 노란빛을 띤다. 성질이 의심이 많아 화를 피할 때 민첩하다. 작은 것을 속칭 등기리(登其里)라 하고 어린 것을 모치(毛峙)라고 한다.'고 기록되어 있다. 또 가숭어는 '눈이 까맣고 민첩하다'고 되어 있다. 반월도에서도 눈이 노란 참숭어는 제사상에 올라가지만, 가숭어는 제사상에 못 올라간다.

이름이야 어떻든 제철, 맛있을 때 먹으면 그만이다. 쉬운 결론. 눈자위가 노란 숭어는 겨울철이 맛있고 눈자위가 까만 숭어는 오뉴월 보리가 익을 무렵 맛있다. 그래서 보리숭어라고도 한다. 하지만 이 또한 절대적 기준은 못 된다. 생선은 서식지에 따라 맛있는 철이 다르기도 한 까닭이다. 고흥의 백일도에서는 눈자위가 노란 참숭어가 겨울이 제철인 것은 다른 지역과 같지만, 가숭어는 보리누름 때가 아니라 가을에 맛나다. 백일도에서는 가숭어를 넘금이라 하는데 가을 넘금이로 미역국을 끓이면 그 맛이 기가 막히다.

반월도는 전통어업의 보고다. 반월도에서는 밤이면 뜰빵낚시라는 전통어로법으로 장어를 잡는데 이 낚시는 바늘이 없다. 그런데도 더 많은 장어를 잡을 수 있다. 낚시코에 걸린 장어를 떼어내는 시간을 절약할 수 있기 때문이다. 일종의 곧은 낚시다. 일자로 된 쇠막대기 옆에 갯지렁이를 끼운 낚싯줄을 매단다. 일자로 된 쇠막대와 미끼가 한몸처럼 붙어서 바다 속으로 내려가면 장어가 달려들어 미끼와 쇠막대를 꽉 문다. 장어는 탐욕스러워 한번 문 미끼를 좀처럼 놓지 않는다. 장어의 욕심을 이용한 어로법이다. 장어가 물었다 싶을 때 힘껏 낚아채서 배 위로 올리면 장어는 그대로 어선 바닥에 떨어진다. 잡아 올릴 때 어선의 선체에 장어가 닿으면 놀라서 떨어지니 주의해야 한다. 선체에 닿지 않게 조심스레 잡아 올리는 것이 기술이다. 반월도에 이런 보물 같은 전통어로법들이 아직도 전승되고 있는 것은 갯벌이 살아 있기 때문이다.

 오늘은 갯치기로 잡아온 보리숭어를 굽는다. 기름이 오를대로 오른 보리숭어를 말려 소금을 뿌려 가며 굽는다. 불 앞에서 뜯어먹는 보리숭어구이. 반월도에서 직접 빚은 고구마막걸리 한잔까지 곁들여지니 세상 부러울 것이 없다.

보리숭어구이

1 기름이 오를 대로 오른 보리숭어의 등을 따서 물기를 뺀다.

2 물기를 뺀 보리숭어를 그늘에서 바람에 말린다.

3 말린 보리숭어를 숯불에 올리고 소금을 뿌리며 굽는다.

4 반월도 수제 고구마막걸리와 곁들이면 더욱 좋다.

08 신의도
함초생선찜과 함초돌게장
바다의 산삼, 함초 요리

　신의도는 소금 섬이다. 전국 천일염 생산량의 65%가 신안군에서 생산된다. 그중 신의도에서는 신안군 생산량의 3분의 1가량이 만들어진다. 소금 왕국 신의도는 32.33km²의 땅에 1,800여명의 주민들이 살아간다. 신의면에는 유인도 5개, 무인도 30개가 소속되어 있다. 신의도 상서 마을 뒷산에는 청동기시대의 지석묘 50여 기가 있다. 이 섬에도 선사시대부터 사람이 살았던 것이다. 상태 서리에는 산성의 흔적도 남아있다. 신의도가 해상 방어의 요충지였다는 증거다.

　신의도는 본래 하나의 섬이 아니었다. 상태도와 하태도 두 개의 큰 섬과 타리도, 피도 등의 작은 섬들이 방조제로 연결되고 그 사이 갯벌이 매립되면서 새로 생긴 섬이다. 독립된 섬들은 오랜 세월 간척으로 하나가 되어 가던 중, 6.25한국전쟁 이후 대대적인 간척이 이루어지면서 온전한 하나가 되었다. 대대적인 간척사업이 진행된 것은 갑작스럽게 섬을 찾아온 전쟁 피난민들을 정착시키기 위한 생활의 방편이 필요했기 때문이다. 간척지에는 염전이 조성됐다. 피난민을 정착시키기 위해 갯벌을 간척해 태평염전을 만들었던 증도의 사례와 비슷한 사연이다. 과거에는 주로 농토를 만들기 위해 간척이 이루어졌는데 신의도 등에 농토가 아니라 염전이 조성된 것은 한국전쟁으로 남북교류가 전면 중단되었기 때문이다. 일제강점기 천일염전은 주로 강우량이 적은 북쪽에서 집중적으로 조성됐었다. 그런데 분단이 되고 남북교류가 중단되면서 남한에는 소금이 부족했다. 그래서 신의도의 간척지는 농토가 아니라 염전이 된 것이다.

신의도는 섬이지만 어업이 거의 없다. 농사도 부업일 뿐이고 오로지 염전이 주업이다. 신의도에만 염전이 250여 개나 된다. 대규모 간척 이후에도 사람들은 개별적으로 갯벌을 간척해 염전을 만들었다. 간척은 비용이 많이 드는 까닭에 부자가 아니면 혼자 하기 어려웠다. 그래서 이웃끼리 공동으로 간척을 해서 땅을 나누곤 했다. 자금 여유 없이 덤볐다가 중간에 포기하는 사람도 더러 있었다. 이제 염전은 신의도 주민들의 생명줄이 됐다. 그래서 염전을 대하는 자세도 지극히 정성스럽다. 섣달그믐과 대보름에는 염전 창고와 수문 앞에서 고사를 지낸다. 소금 농사 잘되게 해 달라는 고사다. 신의도의 염전들은 개인 염전들이라 대부분 이름이 따로 없고 염전주인의 이름을 따서 부른다. 소금 작업은 4월부터 시작해서 10월 15일까지 이어진다. 소금일이 끝나도 염전 보수작업 등 일이 이어진다. 그래도 소금을 만들어내는 6개월 정도가 가장 힘든 시기다.

천일염과 정제염 어느 것이 더 좋은지에 대한 논란이 분분하다. 판단은 소비자의 몫이다. 정제염은 99.9%가 나트륨이다. 천일염은 85%가 나트륨, 15%는 칼슘, 마그네슘, 아연, 갈륨, 철 등 무기질이다. 일전에 KBS의 다큐프로그램 제작진이 실험을 한 적이 있다. 서로 다른 수조에 정제염과 천일염을 녹인 뒤 같은 종의 바닷물고기를 넣었다. 얼마 후 정제염을 녹인 수조의 물고기는 모두 죽었다. 하지만 천일염을 녹인 수조의 물고기는 건재했다. 소금이 고혈압의 원인이라는 실험 또한 정제염만을 가지고 한 실험의 결과라 한다. 천일염은 고혈압에 좋은 각종 미네랄을 함유하고 있어 고혈압에 미치는 영향이 크지 않다는 주장도 있다. 또 천일염이 성인병 예방에 좋다는 실험 결과도 있다. 물론 독성물질도 다소 함유하고 있으니 독성을 제거한 뒤 섭취해야 한다.

소금밭 한복판의 혜원식당 여주인은 신의도에서 태어나 내내 신의도에서만 살았다. 남편을 만난 것은 펜팔을 통해서였다. 18살 때 서울을 한번 가본 뒤에는 서울에 다시 가본 적도 없다. 광주도 얼마 전 나이 오십이 되고서야 처음 가봤다. 그 밖에는 신혼여행 때 제주

〈가을 함초가루와 봄 함초가루〉

를 가본 것이 다란다. 그 후로는 여행을 한 번도 못 가봤다. 목포만 몇 번 왔다 갔다 했을 뿐 신의도 붙박이다. 완전 섬 토박이 골동품이다.

꿈이라면 서울에 다시 한번 가보는 것이다, 남편 또한 평생 첫 남자였다. 다른 남자 누구도 만나본 적도 없다. 남편은 완도 사람이었다. 처음에는 다른 남자랑 펜팔을 했었다. 그런데 지금의 남편이 친구 대신 편지를 써주다가 여자를 가로챘다. 남편은 좀 날라리로 살았었다. 당구가 500이었단다. 아내를 만나고 남편은 그토록 좋아하던 술과 당구도 끊었다. 너무 일찍 결혼해서 여자의 막냇동생이랑 딸이 세 살 차이에 불과하다.

신의도의 갯벌이란 갯벌은 모두 천일염을 생산하는 염전이 되었고 염전 주변은 염생 식물의 천국이다. 그중에서도 함초는 특별한 식재료다. 함초는 그 자체로도 맛있는 나물이지만 말려서 가루를 만들면 더욱 다양한 식재료로 사용할 수 있다. 함초 가루를 넣은 함초 소금은 빠지지 않는 조미료다. 통통마디라고도 부르는 함초는 산호초를 닮았다 해서 산호초라고도 불린다. 미네랄이 다량 함유된 함초는 바다의 산삼이라 할 정도로 약효도 뛰어난 것으로 알려져 있다. 신의도에서는 이 함초를 이용해 다양한 요리들을 만든다. 그중에 함초생선찜과 함초돌게장을 소개한다. 함초생선찜은 생함초를 넣어 생선의 비린 맛을 잡아준다. 함초돌게장은 함초를 우린 물로 게장을 담그는데 국물도 찐득거리지 않고 게장도 파삭파삭하다. 국물 맛이 시원해서 자꾸 손이 간다. 보통 간장게장의 간장국물은 소스일 뿐이지만 이 국물은 그 자체로도 훌륭한 반찬이다. 국물 간장게장에는 함초 우린 물을 잘 만드는 것이 중요하다. 꼭 가을 함초를 써야 한다.

함초생선찜

1 깨끗이 잘 손질한 생선을 찜기에 넣고 생함초를 올린다. 함초의 향이 허브처럼 생선살에 배어들면서 비린 맛을 잡아준다.
2 고추장에 청양고추 진액, 함초가루, 마늘, 생강 등을 다져 넣고 양념 소스를 만든다.
3 생선 위에 양념을 뿌린 뒤 쪄 낸다.

 ## 함초돌게장

1 7-8월에 잡힌 알이 꽉 찬 돌게를 급랭해 둔다. 냉동해 두었다가 게장을 담그면 살이 잘 빠져 먹기 좋다.
2 냉동 돌게를 토막 내 자른다.
3 게장 소스는 물엿, 간장, 함초를 넣고 달인 물을 1:1:1로 넣은 뒤 생강, 양파, 고추, 마늘 등을 곁들인다.
4 돌게에 소스를 잠길 만큼 부어서 하루 정도 냉장숙성 시킨다.

09 암태도
마른숭어찜

생선찜의 제왕, 마른숭어찜

섬의 대표적 생선요리는 활어일까? 아니다. 말린 생선요리다. 생선은 말릴수록 감칠맛이 더해지는 까닭이다. 생선찜도 마른 생선이 더 맛있다. 마른 생선찜의 대표 선수는 민어찜이다. 하지만 민어찜을 능가하는 생선찜이 있다. 겨울 숭어찜이다. 가히 마른 생선찜의 제왕이라 할만하다. 익혔지만 여전히 딱딱한 생선토막을 찢어서 입에 넣었다. 이게 뭐지! 이게 생선이 맞나 싶어 다시 한번 봤다. 생선 맞다. 그런데 어떻게 소고기 육포 같은 맛이 날까? 이건 소고기 육포라 해도 깜빡 속을 맛이었다. 암태도 어느 식당에서 맛본 마른숭어찜의 맛이었다. 너무도 강렬했다. 그전에 맛보았던 말린 생선과는 차원이 달랐다. 민어나 농어, 도미나 장어도 이 맛을 따라올 수 없다. 겨

〈겨울볕에 말리는 숭어〉

울철 숭어를 말려서 만든 암태도 숭어찜이라야 바로 이 맛이 난다.

　　말린 생선을 '건정생선'이라고도 하는데 일반적으로 생선들은 반
건정을 한다. 그것이 먹기 좋은 까닭이다. 온건정을 해도 너무 딱딱
하게 말리지 않는다. 먹기가 힘들기 때문이다. 하지만 예외적인 생선

들이 있다. 숭어나 조기굴비나
황태 등은 오래 말릴수록 풍
미가 깊어진다. 어떤 생선이든
겨울에 말려야 맛있다. 대체로
생선들이 겨울에 맛있는 까닭
이기도 하지만 여름에 말리면

〈마른 숭어찜〉

구더기가 생기고 살도 물러버리기 때문이다.

다른 생선들은 보통 겨울에 3-4일, 길어야 10일 이내로 말린다. 하지만 숭어는 한 달 이상을 말려야 제맛이 난다. 생선은 햇볕만으로 말리지 않는다. 절반의 공은 바람에 있다. 겨울 숭어는 회를 떠도 달디 달다. 그런 숭어를 말리니 맛이 있을 것은 자명한 이치다.

눈이 올 때는 그대로 놔두고 비가 올 때만 거둬들였다가 다시 말린다. 오래 말릴수록 육질이 딴딴해져서 맛있어진다. 덜 말리면 쪄냈을 때 부서진다. 잘 말려야 쭉쭉 찢어먹을 수도 있다. 말린생선찜은 잘 말리는 것이 맛의 포인트다.

 마른숭어찜

1 숭어는 비늘을 제거한 뒤, 등을 따서 내장을 제거하고 깨끗이 씻어서 소금 간을 한 뒤 겨울 햇볕에 한 달 이상 바짝 말린다.

2 바짝 마른 숭어를 물이나 쌀뜨물에 담가서 반나절 정도 불린다.

3 맹물에 넣고 끓이듯이 쪄 내는 방법도 있고 찜기에 담아 압력솥에 쪄 내는 방법 도 있다. 시간이 걸리더라도 압력솥에 넣고 찌는 것이 더 맛있다.

4 푹 쪄낸 숭어는 큰 것은 토막 내고, 작은 것은 그대로 상에 올려 찢어먹는다.

인생이 나를 저버린 날에도

섬으로 갔다.

믿었던 친구에게 배신당한 날에도

섬으로 갔다.

그 수많은 생애의 날에

나는 섬으로 갔다

10 우이도
약초막걸리
전설의 약초막걸리

"저 녀석은 빚 받으러 왔나?"

갑자기 무슨 소린가 했다. 민박집 주인이 오랜만에 고향에 내려와 내내 낮잠만 자는 아들을 두고 하는 말이다. '저 녀석은 낮잠만 자네' 하는 것보다 얼마나 재미진가. 채무자가 돈을 안 주니 빚을 받으러 온 채권자가 빚을 받아 낼 때까지 버티며 내내 잠만 자는 것에 빗댄 표현이다. 직설화법보다 은유적인 화법. 이것이 남도 섬사람들의 해학적 언어 습관이다. 얼마나 멋진가. 일상의 언어도 시가 될 수 있는 곳 그곳이 우이도다.

우이도에는 식당이 따로 없다. 민박집에 묵어야만 식사를 할 수 있다. 집마다 각기 다른 밥상을 받아볼 수 있으니 이 또한 여행의

묘미다. 오늘 민박집 밥상은 진정한 섬 밥상이다. 우이도 인근 해역은 워낙 어장이 좋아 철철이 다양한 생선들이 잡힌다. 늘 싱싱한 생선을 맛볼 수 있다. 우이도 밥상에는 그야말로 산해진미가 다 모인다. 우이도는 해산물과 산들에서 나는 나물들이 풍성하고, 워낙 육지와 멀어서 대부분 섬 자체 생산물로만 밥상을 차린다. 그래도 부족함이 없기 때문이다. 진정한 로컬푸드이고 제철밥상이다.

그물에서 막 건져온 살찐 농어회와 감성돔회와 농어 맑은탕, 거기다 한창 꽃대 올라가는 시금치꽃대 나물, 모래밭에 깊이 뿌리내리고 있어서 삽을 써야만 캘 수 있는 방풍뿌리 무침. 방풍잎이야 흔하지만, 이 뿌리는 참으로 귀한 약재다. 우이도 산에서 난 고사리나물, 파래무침, 어느 것이나 이 봄, 우이도의 산과 바다와 들에서 나는 것들이다. 단맛이 들어서 달리 조미료나 설탕이 없어도 달디달다. 먹을 것이 워낙 풍성해 자연산 말린우럭찜 같은 것은 뒷전이다. 고소하고 찰진 농어회는 그 아삭한 감성돔 회로 가는 손길을 자꾸만 방해한다. 봄이면 뭍에서는 좀처럼 맛보기 어려운 자연산 농어가 많이 잡

〈고소하고 찰진 농어회〉　　　　　　　　　　　　〈도미찜〉

<우이도 제철밥상>

히지만, 활어 상태로 뭍으로 내보낼 길이 없어 대부분 말린다.

맛의 보고, 우이도는 봄철이라야 가장 풍성한 밥상을 받을 수 있다. 그런데 이 걸게 차린 밥상에 빠질 수 없는 또 하나의 우이도의 명물이 있다. 우이도 약초막걸리. 이 진귀한 약초막걸리가 섬 밥상의 흥을 돋운다. 우이도는 약초 술로도 유명한 곳이다. 그래서 우이도에는 전설적인 술꾼도 생존해 있다. 팔순이 되도록 평생 술만 마시고 살았는데도 여전히 건강하다. 우이도에서는 그분이 마시는 술을 조금 술이라 한다. 술자리를 한번 시작하면 바다 물때인 한 조금 동안 계속되기 때문에 붙여진 이름이다. 조금에서 시작해 새로운 조금이 돌아오는 한 조금의 주기는 보름이다. 한번 앉았다 하면 보름을 쉬지 않고 마셔 댄다 해서 조금 술이라 부른다. 술고래도 이런 술고래가 따로 없다.

약간의 과장을 보탠 것인지, 어느 해는 이 어르신 하루에 혼자 댓병으로 일곱 개를 마셨다는 전설 같은 이야기도 있다. 그런데 이게 가능할까? 그러고도 건강하게 살아계시니 믿기지 않지만 안 믿기도 어렵다. 하지만 그 술이 그냥 소주가 아니라면 얘기가 달라진다. 갸우뚱거리던 고개가 일견 끄덕여진다. 어르신이 드시는 술들은 막소주가 아니라 다 약술이었기 때문이다. 하수오, 우슬, 더덕, 도라지, 천문동 등 우이도 산야에서 나는 여러 가지의 약초를 캐다 술을 담가 두고 드신 것이다.

〈우이도의 모래사막, 산태〉

〈우이도 우실잔등의 일몰은 장엄하지만 더없이 고요하다.〉

오늘 그 어르신이 마셨던 약초 술 중 하나를 맛본다. 약초막걸리. 흰빛의 일반 쌀막걸리와는 달리 약초막걸리는 진한 갈색이다. 잔에 따라 한 잔을 마시니 입안에서 약초 향이 퍼진다. 약간 쌉쓰레하면서도 단맛이 도는데 일반 막걸리보다 도수가 높은 느낌이다. 세 잔쯤 마시자 벌써 취기가 오른다.

지금은 사라진 풍습이지만 과거 섬이나 산간 지방에서는 자주 약초막걸리를 담가 먹었다. 우이도에는 그 풍습이 오롯이 남았다. 약초막걸리는 다양한 약초들이 들어간다.

우슬, 천문동, 한갈쿠(엉겅퀴) 뿌리, 삽주, 잔대 등의 약초를 가마솥에 푹 달여낸다. 약초 달인 물을 식힌 뒤 항아리에 약초 물과 술밥을 넣고 발효시킨다. 술밥은 쌀을 쓰는데 동동주로 먹을 요량이면 쌀 20kg에 누룩 7덩이, 약초 달인 물 1 양동이 정도로 양을 맞춘다. 막걸리로 만들려면 물을 반 양동이 정도로 줄인다.

어떤 막걸리든 겨울에 담그는 것이 정석이다. 그래야 쉬지 않고 오래간다. 여름에 담그는 술은 빨리 쉬어버린다. 약초막걸리는 담근 뒤 창고에 보관하면서 저온 숙성시킨다. 짧게는 2-3개월 길게는 4-5개월이 지나야 완전히 발효돼서 술이 만들어진다. 이 막걸리는 작년 11월에 담근 것이니 5개월 만에 완성됐다. 이 상태로 냉장보관하면 1년을 두어도 상하지 않는다 한다. 봄날, 우이도 섬 밥상과 약초막걸리, 신선놀음이 따로 없다.

 약초막걸리

1 우슬, 천문동, 한갈쿠(엉겅퀴) 뿌리, 삽주, 잔대 등의 약초를 가마솥에 푹 달인다.

2 약초 달인 물을 식힌 뒤, 항아리에 물과 술밥을 넣고 발효시킨다.

3 술밥은 쌀을 쓰는데 동동주로 만들려면 쌀 20kg에 누룩 7덩이, 약초 달인 물 1 양동이 정도로 양을 맞춘다. 막걸리로 만들려면 물을 반 양동이 정도로 줄인다.

4 겨울에 담가 2-3개월 이상을 저온숙성시킨다.

11 임자도
산도랏민어곰탕

산모 보양식 민어곰탕

　한국 최대의 해수욕장은 어딜까? 서해안 최고라는 대천해수욕장이 3.5km, 동해안의 경포대해수욕장이 6km. 그런데 신안 임자도에는 길이가 무려 12km나 되는 백사장이 있다. 한국 최장 해수욕장인 대광 해수욕장이 그곳이다. 대광리에서 전장포까지 하나로 이어진 해변은 사막처럼 광활하다. 지질학자들은 임자도가 중동에서나 볼 수 있는 사막 지형을 고스란히 가지고 있다고 말한다. 그야말로 광활한 바다 한가운데 사막이다.

　임자도는 본래 민어의 고장으로 유명하다. 민어는 새우를 가장 좋아하는데 임자도 바다는 새우 어장이다. 임자도 바다로 민어 떼가 몰려드는 것은 그 때문이다. 임자도에서도 전장포 마을은 한국 최대

〈임자도 대광해변〉

의 새우젓 산지다. 해마다 1천여 톤의 새우를 잡는다. 이는 전국 새우
젓 생산량의 60-70%나 된다. 전장포 마을의 솔개산 산기슭에는 길이
102m, 높이 2.4m, 넓이 3.5m의 말굽 모양 토굴 네 개가 있다. 토굴에
서는 1년 내내 새우젓이 곰삭아 간다. 토굴 새우젓의 탄생지다.

지금도 그렇지만 과거에 임자도 해역은 민어의 산란장이라 여름
이면 꽉꽉 울어 대는 민어떼 우는 소리로 요란했다. 임자도 서쪽, 하
우리 앞바다는 임자도 최대의 어항이었다. 일제강점기, 여름철이면
임자도는 각지에서 몰려온 수백 척의 민어잡이 배들로 북적였다. 그
중에는 일본의 규슈 지방에서 온 어선들도 많았다. 일본에서 온 상

선들은 조선과 일본의 어선들이 잡은 민어를 얼음에 재워서 일본으로 실어 날랐다. 일본으로 간 민어들은 고급 어묵의 재료로 쓰였다. 이 무렵이면 임자도 하우리 해변과 그 앞의 대태이도와 소태이도 두 섬 사이의 백사장은 거대한 파시가 형성됐다.

임자도 바로 앞의 대태이도를 일본인들은 타리섬이라 했다. 그래서 임자도 파시는 타리 파시로 불렸고 일본의 규슈 사람들이 목포는 몰라도 타리섬은 안다고 할 정도로 유명한 섬이었다. 지금은 무인도가 되었지만 타리섬에 파시가 서면 임자도 하우리 해변과 타리섬 사이 바다는 어선, 상선들로 빽빽했다. 오죽하면 배들을 다리삼아 섬과 섬 사이를 건너다녔다 했을까? 대태이도, 소태이도는 섬타리, 하우리 백사장은 육타리라 했다. 섬타리, 육타리 양쪽에서 열린 파시를 통칭해서 타리 파시라 했다.

타리 파시 때는 수십 곳의 요릿집, 색주가, 선술집 등이 들어서고 잡화점과 선구점, 이발소, 이동 목욕탕 등이 생겼다. 술집에는 일본 게이샤를 비롯해 색시들만 100명이 넘었다. 매일 같이 어부, 상인, 색시들이 들끓어, 임자도는 도시의 유흥가를 방불케 했다. 칠월 칠석이면 풍어를 기원하는 고사도 지내고 활쏘기대회와 노래자랑대회도 열었다. 어부나 상인들뿐만 아니라 각처에서 사람들이 놀러 왔다. 도시의 유흥가를 섬으로 옮겨놓은 셈이었으니 사람들이 들끓었다. 파시 때면 타리섬에만 임시 가옥이 100여 호나 생겼었단다. 일본 저장선도 100여 척이 오갔다. 목포와 군산 사이를 하루 4회 왕복

〈민어회〉　　　　　　　　　　　　　　　〈산도랏민어곰탕〉

하는 여객선 3척이 타리와 낙월도 두 섬을 경유할 정도로 파시 때의 섬은 융성했다. 해변 언덕에는 파출소와 병원이 들어섰고 그 아래쪽 백사장의 첫 줄은 색시집들, 다음 줄은 잡화점들이 줄지어 늘어섰다. 파시는 여름철 두 달간만 나타났다 사라지는 신기루였다.

　이제 더 이상 민어 파시는 없다. 그 수가 많이 줄었지만 그래도 여전히 민어는 임자 앞바다로 찾아오고 민어 요리법도 전해진다. 민어는 복달임에 최고인 여름 보양식으로 알려져 있지만, 임자도에서는 겨울 보양식으로 애용해 왔다. 여름에 잡힌 기름진 민어를 말려두었다가 곰국처럼 끓여내는 건정민어탕은 겨울 추위를 이길 수 있는 최고의 음식이었다. 건정 민어는 생 민어를 이슬 맞히지 않고 1주일 정도 말려서 만든다. 산모가 건정민어탕을 먹으면 젖이 쑥쑥 잘 나왔다고 하니, 산모에게 특효약이었다. 임자도에서 건정민어탕을 끓일 때 먹는 사람의 성별에 따라 끓이는 방법이 달랐다. 남자들 먹을 것은 쌀뜨물에 건정 민어와 더덕을 넣고 끓였고, 여자들이 먹을 것

은 쌀뜨물에 건정 민어와 산도랏(산도라지)을 넣고 끓였다. 건정민어
탕은 민어곰탕이라고도 했다.

　『자산어보』에서도 민어 부레로 넣어 만든 술인 아교주는 허약함
과 피곤함을 치료하고 몸이 이유 없이 야위는 것을 막아준다 했다.
기침과 코피 나는 것도 멈추게 한다고 했다. 민어는 그야말로 약선
음식의 대표선수다.

산도랏민어곰탕

1 생 민어를 잡아 1주일 정도 말려둔다.
2 마른 민어는 물에 2시간 정도 담가서 불린다.
3 쌀뜨물에 민어와 무, 마늘, 산도라지 등을 넣는다.
4 사골처럼 뽀얀 국물이 나올 때까지 1시간 이상 끓인다.
5 다 끓인 후에 참깨와 참기름을 넣는다.

12 지도
낙지찹쌀죽
기력회복에 최고의 보약

옛날 함경도 삼수갑산 산촌에 사는 농민 중에 영양부족 때문에 멀쩡하던 눈이 갑자기 안 보이게 된 사람들이 있었다. 갑자기 장님이 됐지만 당황하지 않았다. 눈먼 자도 눈을 뜨게 만드는 명약이 있다는 것을 잘 알고 있었기 때문이다. 이들은 명태가 잡히는 겨울이 오기를 기다렸다가 근처 바닷가 마을을 찾아갔다. 그곳에서 한 달 정도를 거처하면서 명태간유를 먹고나서 다시 눈을 볼 수 있게 됐다. 명태간이 장님도 눈 뜨게 만들었다는 전설 같은 이야기다. 음식이 곧 약이라는 식약동원의 원리를 무엇보다 잘 보여주는 이야기다.

정약전의 『자산어보』에도 어류들을 약으로 쓴다는 이야기들이 많다. 물메기(해점어)가 '곧잘 술병도 고친다'고 했다. 지금도 겨울철

술먹은 다음날, 해장으로 최고인 것이 물메기탕인데 옛날부터 물메기가 술병까지 고치는 명약으로 대접받았던 것이다. 또 '오랫동안 설사를 하는 사람이 장어로 죽을 끓여 먹으면 설사병이 낫는다'고도 했다. 갑오징어 뼈가 '곧잘 상처를 아물게 하며 새살을 만들어낸다. 뼈는 또한 말이나 당나귀 등의 등창을 고친다'고 했다. 갑오징어 뼈를 갈아서 지혈제로 사용한 것은 오래된 민간요법이다. 전복 내장 또한 '종기 치료에도 좋다'고 기록하고 있다. 흑산도 사람들은 홍어 껍질에 붙은 미끌미끌한 곱을 약으로 썼다.

"옛 어른들은 홍어가 소화제라 했어요. 껍데기에 낀 미끌미끌한 곱을 삭힌 뒤 먹으면 소화도 잘 되고 가래도 잘 삭는다 했지."

섬 지방에서 약용으로 가장 많이 쓰이던 어류는 단연 낙지다. 완도의 횡간도에서는 몸이 허약해서 코피를 자주 흘리는 사람들은 문어를 치료제로 썼다. 생 문어와 팥을 넣고 푹 고아서 먹으면 코피 나는 것이 바로 치료가 됐다. 지금도 코피가 자주 나는 아이들에게는 생 문어와 팥을 함께 고아 먹인다. 탈진하여 쓰러진 소도 산낙지 몇 마리 먹이면 벌떡 일어서곤 했다는 이야기는 너무도 흔한 이야기다. 기진맥진해 있다가도 낙지 잡아다 뜯어먹고 벌떡 일어났단 얘기들도 많다. 섬 노인들은 낙지를 '백병통치약'이라 칭한다.

일을 너무 많이 해서 기력이 쇠해 어지럼증을 앓던 섬사람들이 찾았던 약은 낙지죽이었다. 뻘낙지를 넣고 푹 끓인 죽을 먹으면 어지럼증이 씻은 듯이 나았다. 진짜 낙지죽은 기운 넘치는 산낙지를 통째로 넣고 끓여야 제맛이고 약효가 있는 것이다. 신안의 압해도나 기점도에서도 낙지죽으로 어지럼증을 치료했고 고흥의 백일도 사람들은 낙지찹쌀죽에 팥을 넣고 끓인 죽으로 어지럼증과 빈혈을 치료했다.

지금은 연륙이 된 신안의 지도가 고향인 김옥종 시인은 광주에서 어머니와 함께 '지도로'라는 식당을 하는데 그는 한국 최초의 K1(이종격투기) 선수 출신이었다. 제일 잘하는 것이 싸움이었던 김종옥 시인은 킥복싱과 격투기 선수, 킥복싱 도장 관장 등을 거쳐 요리사로 전업한 지 오래되었고, 근래에는 시인으로도 활동하고 있는 특이한 이력의 소유자다.

지도 갯벌 근처에 살던 어린 시절 그는 자주 중이염을 앓았는데, 그때마다 그의 어머니는 약 대신 낙지죽을 끓여주셨다. 어머니는 아들이 귀가 아프다 하면 병원이 아니라 지도 삼동마을 앞, 참도 갯벌로 나갔다. 어머니는 무덤낙지 혹은 봉분낙지라 하는 어법으로 낙지를 잡았다. 썰물 때 낙지의 숨구멍을 막아 뒀다가 들물 무렵에 숨을 못 참고 기어 나오는 낙지를 잡는 방법이었다.

어머니는 갯벌에서 바로 잡아온 낙지와 찹쌀을 노란 주전자에 넣고 푹 끓였다. 낙지죽에는 통마늘도 조금 넣었다. 구수한 낙지죽을 먹고 나면 신기하게도 귀앓이가 씻은 듯이 나았다. 그때는 그것이 약인 줄 몰랐지만 낙지죽의 맛에 푹 빠져버렸다. 그래서 나중에는 귀가 아프지 않아도 낙지죽이 먹고 싶으면 귀가 아프다고 했다. 그때마다 어머니는 갯벌로 나가 다시 낙지를 잡아와 낙지죽을 끓여주셨다. 농어 쓸개도 늘 추녀 밑에 매달아서 말려 뒀다가 배앓이를 할 때 약으로 썼다. 음식으로 병을 다스리는 식약동원의 삶을 살던 시절이었다.

낙지찹쌀죽에 팥을 더해서 끓이는 죽도 있다. 고흥군 백일도의 낙지팥죽이다. 팥은 오래 삶아야 하는 까닭에 먼저 삶아 둔다. 삶은 팥에 찹쌀과 낙지, 마늘과 양파를 넣은 뒤 눙그러지도록 끓인다. 이

죽은 어지러움에 특효약이란다. 어지럼증, 빈혈이 있는 사람에게는 최고의 보약이었다.

대기점도에서 만난 어르신도 낙지 예찬론자였다. 예전에는 낙지가 워낙 많아서 낙지를 잡아 이깝(미끼)으로 팔 정도였단다.

"민어잡이에는 낚지 미끼가 아삼육(최고)이었어. 낙지는 보신에 최고여. 힘 일어나는 데 최고지. 기진맥진해 있다가도 낙지 삶아 먹고, 낙지 뜯어 먹으면 바로 일어나 부러."

박재근(80세) 어르신은 기점도 낙지잡이 명수다. 지금도 늘 잡아다 드신다. 낙지 덕인지 잔병치레도 없이 건강하기만 하다.

"낙지가 백병통치약이야."

나이 팔순인데도 어제는 뻘에 나가서 18마리를 잡았다고 하신다.

"기점도 오면 낙지를 먹고 가야 잊어버리고 가제. 못 먹으면 뒤돌아보고 가요."

낙지찹쌀죽은 기력이 쇠하여 어지럼증을 앓는 이들에게는 최고의 약이었다는 이야기가 많았다. 마을의 최고령자 유길종(90세) 어르신도 낙지찹쌀죽은 백병통치약이라 증언하신다.

신안군 압해도 학교리(중앙) 마을, 운동을 나와 걷다가 잠시 쉬고 있는 할머니. 71세라는데 등이 확 굽으셨다. '징하게' 고생스러운 삶을 사신 것이다. 25살에 압해도로 시집와서 지금껏 살았다. 젊은 시절 논밭을 일구느라 일을 너무 많이 하면 어지러웠다. 그때 약보다 효과적인 약이 있었다. 낙지찹쌀죽이다. 압해도 들판에서 난 찹쌀에 압해도 뻘낙지를 넣고 푹 끓여서 죽을 쑤어 먹으면 어지럼증이 씻은 듯이 나았다.

"낙지는 진짜 약이요."

낙지죽으로 어지럼증을 잡곤 했다는 내백일이 고향인 최재엽 할머니 말씀이다.

시중의 죽집들도 낙지죽을 메뉴로 내놓고 있다. 하지만 희멀건 죽에 냉동 낙지 몇 토막 들어 있는 그런 낙지죽들이 약효를 낼 것 같지는 않다. 진짜 낙지죽은 기운 넘치는 산낙지를 통째로 몇 마리씩 넣고 끓여내야 한다. 그래야 약효가 있다.

 낙지찹쌀죽

1 찹쌀 반 되를 씻어서 솥에 넣고 소금물에 깨끗이 씻은 낙지 10마리를 더해 물을
  넉넉하게 붓는다.
2 낙지와 찹쌀을 넣은 솥에 인삼, 마늘, 대추 넣고, 불을 때서 푹 녹아지도록 오래
  고아낸다.

 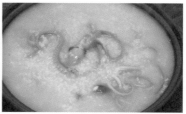

13 흑산도
홍어껍질묵

우리는 삭힌 홍어 안 먹어

　요즈음은 삭힌 홍어가 흑산도 음식의 대표선수가 됐다. 그래서 흑산도 들머리 예리항에는 삭힌 홍어를 파는 식당들이 즐비하다. 하지만 본래 삭힌 홍어는 흑산도 고유의 음식이 아니다. 『자산어보』에도 언급되어 있듯이 삭힌 홍어는 영산포를 비롯한 나주 지역에서 성행하던 내륙 음식문화였다. 삭힌 홍어가 전국화되면서 관광상품으로서 역수입된 것이다. 삭힌 홍어 맛을 본 관광객들이 찾으니 흑산도에서도 삭혀서 판매하기 시작한 것이다. 흑산도 노인들을 만나 삭힌 홍어에 대해 물으면 대뜸 "우리는 삭힌 홍어는 잘 안 먹어."란 대답이 돌아온다. 삭힌 홍어를 아주 안 먹는 것은 아니지만 싱싱한 홍어가 더 맛있으니 그쪽을 더 선호한다는 말씀이다.

〈흑산도 홍어 애(간)〉

얼마 전 흑산도의 지역신문인 흑산신문 주주들과 합석할 기회가
있었다. 그때도 홍어 중매인을 하는 주주 한 분이 가져온 것은 삭
히지 않은 생 홍어였다. 손님들에게는 삭힌 홍어를 팔면서 정작 자
신들은 안 삭힌 생 홍어를 먹는 것이다. 삭힌 홍어가 풍미가 있듯이
생 홍어는 또 다른 풍미가 있다. 암모니아 냄새가 없고 쫀득하니 찰
지고 고소하다.

삭힌 홍어는 내륙의 음식문화지만 삭힌 홍어를 탄생시킨 것은
뱃길이다. 과거 홍어의 대표적인 어장은 상·중·하태도 옆의 '태도
서바다'였다. 평소 홍어의 주요 서식지는 백령도, 대청도 인근 바다
다. 그런데도 흑산도 홍어를 더 쳐주는 것은 산란철이면 홍어들이

태도 서바다로 몰려들었기 때문이다. 다른 생선들처럼 산란철 홍어가 더 살찌고 맛있어서 흑산도 홍어를 최고로 쳤다. 흑산도 홍어는 동지 무렵부터 잡히지만, 입춘 전후 잡히는 것을 최고로 친다. 그 이후부터는 맛이 떨어진다.

18세기 말 무역선이 표류해 오키나와, 필리핀, 중국 등을 떠돌다 조선으로 송환됐던 풍운아 문순득은 우이도 출신 홍어장수였는데, 그 또한 태도 서바다에서 홍어를 사서 영산포로 돌아가던 길에 난파를 당했다. 문순득 같은 홍어장수들이 삭힌 홍어를 만들어낸 원조다. 옛날 상인들은 태도 서바다에서 홍어를 비롯한 생선들을 많이 사서 영산강을 따라 나주의 영산포까지 팔러 다녔다. 날이 좋으면 짧은 시간에 도달할 수 있지만, 풍랑을 만나면 뱃길이 길어졌다. 그때 다른 생선들은 모두 썩어서 버려야 했으나 홍어만은 썩지 않고 발효됐다.

〈흑산도 생 홍어〉   〈흑산도 삭힌 홍어〉

〈늘 두렵지만 바다에 대한 두려움을 버려야 살아갈 수 있는 흑산도 사람들〉

　유독 홍어만 썩지 않고 발효된 것은 홍어에게는 유난히 많은 요소와 요산이 있기 때문이다. 홍어가 죽으면 요소와 요산이 분해되면서 암모니아 가스를 발생시킨다. 이 암모니아 가스가 유해세균의 번식을 억제해 썩지 않았던 것이다. 마침 홍어는 볏짚으로 덮여 있었을 것이다. 암모니아 덕에 썩지 않은 홍어는 볏짚의 발효균주 도움을 받아 발효됐을 것이다. 그렇게 삭힌 홍어문화가 탄생했던 것이다.

　흑산도에 삭힌 홍어의 유입과 함께 새롭게 탄생한 음식이 하나 있으니 바로 홍어껍질묵이다. 흑산도 사람들은 과거에 껍질 벗기지 않은 홍어를 회로 먹고 판매도 했다. 그런데 껍질이 질긴 수입산 홍어가 유통되면서 껍질을 벗겨야만 회로 먹을 수 있었다. 그 맛에 익숙해진 도시 소비자들이 껍질 있는 홍어회를

〈흑산도 홍어 위판장〉

꺼리자, 처음에는 뱃살 쪽의 껍질만 벗겨 팔다가 나중에는 등까지 다 벗겨서 회를 떠 팔았다.

흑산도 사람들도 처음에는 벗긴 껍질을 탕에다 넣고 끓여 먹었는데, 이후 누군가 묵을 만들어 먹었고 그것이 홍어껍질묵이란 새로운 음식문화를 탄생시켰다. 홍어껍질묵은 일반 해초묵과는 달리 쫄깃하고 고소하다. 인천의 무의도를 비롯한 서해 섬들에서 만들어 먹는 벌버리묵과 비슷하다. 박대 껍질을 묵으로 만든 것이 벌벌이 묵이다. 해양수산부에 따르면 강릉원주대 변희국 교수팀이 홍어 껍질에서 치매를 예방할 수 있는 소재(PEFL펩타이드)를 발견했다 한다.

홍어껍질묵 또한 다른 묵 만드는 법과 다름없다. 홍어껍질묵은 흑산도뿐만 아니라 목포, 암태도, 팔금도 등에서도 만들어진다.

 홍어껍질묵

1 홍어 껍질을 깨끗이 씻어서 물에 넣고 팔팔 끓인다.
2 녹아지도록 끓인 뒤 찌꺼기는 체로 걸러 낸다.
3 국물만 용기에 붓고 식혀서 굳힌다.
4 굳은 묵을 썰어서 무쳐 낸다.

14 흑산도
우럭돌미역국

쇠고기 미역국보다 생선 미역국

흑산도 대표음식이 홍어뿐일까? 천만의 말씀이다. 많은 토속음식들이 있지만, 홍어 못지않게 유혹적인 음식을 꼽으라면 나는 단연 장어간국과 우럭돌미역국을 꼽는다. 마른 장어를 맑게 끓여 내는 장어간국과 자연산 돌미역에 생 우럭을 넣고 끓인 미역국은 최고의 술안주인 동시에 해장국이다.

임산부가 출산 직후 미역국을 먹는 이유는 미역에 임산부에게 꼭 필요한 무기질 특히 칼슘이 많이 들어 있기 때문이다. 임산부는 태중에 생명을 키우면서 태아의 치아와 골격 형성에 필요한 칼슘을 많이 빼앗긴다. 미역은 손실된 칼슘을 보충 시켜준다. 미역 중에서도 산모용 미역은 물살이 센 해역의 돌미역을 최고로 친다. 진도 독거

〈흑산도 상라산성에서 펼쳐지는 바다와 섬들의 풍경〉

도의 '독거곽'이나 통영 비진도의 '비곽' 등이 왕실로 진상된 것도 그
때문이었다. 특히 독거도 미역은 '산모곽'이란 이름이 붙을 정도로
인기가 높았다. 그래서 실제로 진도 독거도 이장이셨던 분은 전두환
대통령 시절 며느리가 딸을 출산했다고 진도군수를 통해 청와대에
진상할 미역을 내노라는 통에 곤경을 치른 적도 있었다. 이미 다 팔
아버리고 없어서 결국 광주까지 올라가 어렵게 구해다 바쳤다.

흑산도 바다는 『자산어보』를 쓴 손암도 무섭다고 했을 정도로 파도가 거칠고 험하기로 명성이 자자하다. 물살이 거센 큰 바다 한가운데 있는 그 매서운 파도를 견디며 자란 흑산도의 돌미역 또한 명성이 높다. 흑산도나 영산도 같은 섬들에서는 말리지 않은 생 돌미역국을 즐긴다. 다른 재료 없이 돌미역만을 넣고 푹 끓여도 뽀얀 진국이 우러난다. 그런데 문제는 돌미역이 너무 빳빳하다는 점이다. 어린 돌미역이야 괜찮지만, 자연산 돌미역은 끓여도 좀처럼 잘 풀어지지 않고 질기다. 양식 미역은 한번 푸르르 끓으면 숨이 죽지만, 자연산 생돌미역은 끓이고 또 끓여도 쉽게 죽지 않는다. 숨이 죽었다 싶으면 어느새 또 고개를 빳빳이 쳐들고 살아난다. 몇 번을 죽어도 다시 살아나는 그 놀라운 생명력.

양식 미역은 바다 가운데 자라니 생애가 평온하다. 파도에 시달릴 일이 없다. 하지만 돌미역은 갯바위에 붙어 자라는 까닭에 파도가 칠 때마다 생사가 오락가락한다. 미역잎이 떨어지고 뿌리가 흔들린다. 그래서 잎은 크지 않고 줄기가 두껍게 발달해 있다. 돌미역이 질기고 빳빳한 것은 이처럼 거친 파도의 시련을 견디며 단련된 때문이다. 양식 미역보다 잎도 두툼하고 줄기도 굵고 야물고 단단해진 돌미역. 그래서 돌미역은 오래 끓일수록 그 맛이 깊다. 다른 무엇을 첨가하지 않아도 푹 끓여내면 뽀얀 육수가 사골국물처럼 우러나온다. 거친 파도에 씻겨 내려가지 않으려는 안간힘으로 갯바위를 붙들고 있던 그 놀라운 에너지가 미역 속에 응축되어 있으니 그 맛과 영양 또한 탁월할 것은 당연한 이치다.

이렇게 좋은 돌미역을 부드럽게 먹으려면 너무 오래 끓여야 하는 불편이 있다. 하지만 흑산도 어머니들은 이 돌미역을 부드럽게 만드는 방법을 안다. 돌미역을 따온 뒤 바로 말리지 않고 데친 다음 1주일 정도 냉장숙성 시킨다. 그러면 놀라울 정도로 부드러워진다. 말린 돌미역도 마찬가지다. 물에 불린 것을 같은 방법으로 숙성 시켜뒀다가 끓이면 한결 부드러워진다고 한다.

돌미역국은 그 원재료만으로도 충분히 한끼 보양식이 되지만, 흑산도 사람들은 여느 섬사람들처럼 생선미역국을 최고로 친다. 섬사람들은 쇠고기미역국보다 생선이나 조개류를 넣고 끓인 미역국을 더 좋아한다.

우럭(조피볼락)은 양식업의 발달로 가장 흔하게 접하는 생선 중 하나다. 기름지거나 무른 살맛을 싫어하고 담백하면서도 단단한 살을 좋아하는 이들이 선호하는 횟감이다. 머리가 커서 우러나는 것이 많으니 매운탕으로 끓여도 맛이 깊다. 하지만 흑산도 사람들은 섬에 흔한 자연산 우럭과 돌미역을 한 솥에 넣고 국을 끓여 먹기를 즐겨왔다.

조개야 그렇다 해도 비린 생선으로 어찌 국을 끓여 먹느냐고 의아해하는 이들이 있을 것이다. 많은 내륙문화권 사람들의 오래된 편견 중 하나는 생선이 비리다는 것이다. 간고등어 같은 자반이나 수

송 과정에서 한물간 생선들만 먹고 살았기 때문에 생긴 편견이다. 생선이 비린 것은 생선이기 때문이 아니다. 싱싱하지 않기 때문이다. 싱싱하니까 날것의 회로 먹지 않는가. 싱싱한

〈흑산도 약초막걸리〉

생선국은 단언컨대 쇠고기미역국보다 비리지 않다. 오히려 달고 고소하다. 그 생선이 무엇이든 마찬가지다. 오늘은 우럭돌미역국이지만 내일은 도미나 광어미역국일 수도 있다. 무엇이든 그 생선이 싱싱하다면 전혀 비리지 않다.

흑산도에는 홍어만 있는 게 아니다. 흑산도 자연산 우럭돌미역국이나 마른 장어로 끓이는 간국도 있고 팔뚝 만한 장어구이도 있고 자연산 가리비나 토종 홍합도 지천이다. 거기에 직접 누룩을 빚어서 후박이나 인동초 등을 넣고 담근 막걸리를 곁들이면 아주 특별한 여행이 될 것이다.

 우럭돌미역국

1 생 돌미역은 데쳐서 1주일 정도 냉장숙성 시킨다.
2 숙성된 돌미역을 싹둑싹둑 잘라 솥바닥에 깔릴 정도로 물을 약간 붓는다.
3 참기름을 넣은 뒤 2-3분 정도 볶아준다. 미역에 참기름을 넣고 볶으면 고소함이
   배가되고 미역도 한결 부드러워진다.
4 볶은 미역에 잘 손질된 생 우럭을 넣고 물을 부은 뒤 30분 정도 끓여 준다.
5 국간장으로 간을 한다.

15 흑산도
장어간국

바람으로 말리는 장어의 맛

『자산어보』에 다음과 같이 장어에 대한 이야기가 나온다. '장어 (長漁)는 뱀처럼 머리를 잘라내지 않으면 죽지 않는다.' 장어는 경골 어류 뱀장어목의 몸체가 긴 물고기다. 뱀장어, 갯장어, 붕장어가 모 두 장어 종류다. 뱀장어는 민물과 바다를 오가는 장어, 흔히 민물 장어라 부른다. 일본말로 아나고는 붕장어, 하모는 갯장어다. 구이로 유명한 곰장어(먹장어)는 장어란 이름을 쓰지만 실체는 어류가 아니 다. 턱뼈가 없는 무악류다. 장어류는 모두 야행성이다. 밤에 장어 낚 시를 하는 것은 그 때문이다.

가장 비열하고 난폭한 것은 붕장어다. 야심한 밤, 다른 물고기들 이 잠든 사이 기습해서 닥치는 대로 집어삼킨다. 양아치가 따로 없다. 이런 야비한 습성 때문에 붕장어는 '바다의 갱'으로 불린다. 흑산도나 섬 지방 사람들이 마른 장어탕이나 구이로 즐겨먹는 것도 바로 이 붕장어다. 붕장어 속명(conger)은 그리스어 congros에서 유래됐다. 구멍을 뚫는 물고기란 뜻이다. 일본 이름인 아나고의 표기는 혈자(穴子)다. 이 또한 모랫바닥에 구멍을 뚫고 들어가 사는 장어의 습성에서 유래한 것이다. 다른 생선회들과 달리 붕장어회는 포를 뜨지 않고 가늘게 채 썰어서 꼭 짜낸 다음 먹는다. 맛있는 생선의 즙을 왜 짜내 버릴까 싶지만, 이유가 있다. 붕장어의 핏속에 크티오톡신이란 독이 있기 때문이다.

갯장어 역시 성질이 사납긴 마찬가지다. 몸통을 잘라내도 머리를 쳐들고 물려고 덤빈다. 방심하다가 머리 잘린 갯장어의 이빨에 물려 크게 상처를 입기도 한다. 개장어, 개붕장어, 해장어 등으로도 불리는데 섬사람들에게 별로 환영받지 못하는 장어다. 가시가 많은 데다 기름기도 거의 없어 즐겨 먹지 않는다. 여름 한철 기름기가 올랐을 때만 회나 샤부샤부로 먹을 뿐이다. 이 또한 일본에서 유래한 풍습이다. 『자산어보』에도 '입은 돼지같이 길고 이는 개와 같아서 고르지 못하다. 뼈가 더욱 견고하여 능히 사람을 물어 삼킨다'고 했다. 살아도 죽어도 위험한 어류다. '하모'란 일본 이름도 잘 무는 성질 때문에 붙여진 것이다. 하무에서 유래했는데 하무는 '물다'라는 뜻의 일본어다.

옛날부터 흑산도를 비롯한 남도 섬사람들에게 최고의 식재료는 붕장어다. 기운 없을 때 보양식도 장어이고, 숙취에 시달리는 날 해장국도 장어만 한 것이 없다. 섬사람들의 장어 사랑은 끝이 없다. 장어도 생장어보다 마른 장어를 윗길로 친다. 겨울철에 잘 말려 둔 장어를 두고두고 구워 먹거나 맑은국으로 끓여 먹는 것을 즐긴다. 장어는 겨울에 말려야 쩐내도 안 나고 깨끗하다. 여름에도 태풍 같은 큰바람이 불 때는 말리기도 한다. 여름에는 햇빛이 아니라 꼭 바람에 말려야 한다. 여름 햇빛에는 마르는 것이 아니라 익어버리기 때문이다.

"고온일 때는 바람으로 쳐야지. 빛으로 치면 안 돼."

장어간국 잘 끓이는 식당 여주인이 일러준다. 늦가을이나 겨울

〈흑산도 앞바다 무인도 호쟁이〉

이 돼야 햇빛과 바람으로 말린다. 마른장어국은 장어간국이라고도 하는데 다른 육수가 필요 없다. 뼈에서 나오는 육수만으로도 충분하다. 마른 장어와 무만 넣고 끓여도 충분히 풍미가 깊다. 유기농으로 농사짓던 시절에는 쌀뜨물을 받아서 장어간국을 끓였다. 쌀뜨물에 끓이면 뽀얀 국물이 사골처럼 진하게 우러나왔다. 하지만 요즈음은 농약에 대한 우려 때문에 쌀뜨물 대신 들깻가루를 쓰기도 한다. 들깻가루는 텁텁하지 않은 정도로만 넣는다.

장어는 차가운 물에서 잡힌다. 여름철, 주로 통발배가 잡는다. 안강망 배가 심해에서 잡은 장어는 더 굵고 기름지다. 장어는 클수록 맛있다. 구이도 생것보다는 손질해서 반나절 정도 살짝 물기만 빼고 구우면 좋다. 장어간국용 마른 장어는 이틀 남짓 말려서 기름이 살짝 배어나올 정도가 되면 끓인다. 오래 끓일수록 맛있다.

🥘 장어간국

1 먼저 말린 장어와 무를 넣고 끓인다.

2 무가 푹 익으면 홍고추와 대파, 마늘 등의 양념을 넣는다. 대파를 많이 넣으면 감칠맛이 더해진다.

3 기호에 따라 텁텁하지 않을 정도로 들깻가루를 넣는다.

4 후추를 넣어 비린 맛을 잡는다.

5 마지막에 소금으로 간을 한다.

작고 외딴섬들에는

대부분 식당이 없다.

하지만 나그네는 그런 섬에서

단 한 번도 밥을 굶은 적이 없다.

그런 섬들을 다니며 가장 많이

듣는 말도 "밥 먹고 가시오"다.

평생 다시 볼 일 없을 나그네에게

생선 굽고 국 끓이고 밥상 차려 주는

마음이란 대체 어떤 마음일까.

16 관매도
솔향기굴비찜

솔향기를 품은 진짜 굴비

우리가 아는 보리굴비가 진짜 보리굴비일까? 아니다. 본래 보리
굴비는 참조기를 말려 보릿독에 보관해두고 먹던 조기를 말한다. 하
지만 요새 보리굴비란 이름으로 도시의 식당에서 내놓는 것은 대부
분 말린 부세를 냉장보관한 것들이다. 참조기굴비도 아니고, 보릿독
에 보관하는 것도 아닌 부세굴비를 어찌 보리굴비라 할 수 있을까.
부세로 만들었든 참조기로 만들었든 시중에 유통되는 그 많은 보리
굴비를 보관할 보릿독이나 있을지 의문이다.

실상 우리가 먹는 것은 보리굴비가 아니라 그 상표인 셈이다. 또
흔히 먹는 참조기로 만든 굴비란 것도 결코 굴비가 아니다. 소금에
절인 참조기를 서너 시간 정도 말린 반건조 조기다. 명태를 반건조

<긴 장대에 매달아 솔향기에 말리는 굴비>

한 코다리를 황태라 할 수 없는 것과 같은 이치다. 코다리와 황태의
맛이 다르듯이 반건조 조기와 굴비의 맛 또한 차원이 다르다. 황태
처럼 굴비도 사람이 혼자 만들 수 있는 것이 아니다. 바닷바람과 햇
빛, 사람의 합작품이다. 영광굴비가 대명사가 되었지만, 예전에는 조
기가 나는 곳이면 어디서나 굴비를 만들었다. 연평도나 소무의도,
송이도. 관매도 같은 섬에서도 굴비를 만들었다.

　과거 참조기떼의 한 부류는 동중국해에서 겨울을 나고 봄이면
산란을 위해 한국의 서해바다를 찾아오는 회유성 물고기였다. 이들
이 흑산 어장을 거쳐 영광의 칠산 바다까지 올라올 때가 철쭉꽃 피

<관매도 들판을 물들이는 국내 최대의 유채꽃밭>

는 곡우 무렵이었다. 그래서 이때 칠산 어장에서 잡은 조기를 곡우
사리 조기 혹은 오사리 조기라 했다. 오사리란 새해 다섯 번째 드는
사리 물때란 뜻이다. 이 조기로 만든 굴비라야 오사리굴비 혹은 곡
우사리굴비고 이 굴비를 보릿독에 보관하면 보리굴비였다. 이 무렵
조기는 기름기와 살이 오르고 알을 배어 그 맛이 최상이었다.

굴비의 원산지답게 영광 법성포 굴비는 공정이 무척 까다로웠다.
칠산 어장에서 잡아온 참조기를 소금이 내장까지 배어들게 간질을
해서 사흘 정도 간독에 절인 뒤, 덕장에서 말렸다. 소나무를 엮어서
만든 덕장 가운데는 구덩이를 팠다. 낮에는 바닷바람과 햇빛에 말리

고 밤에는 구덩이에 숯불을 피워서 말렸다. 그렇게 덕장에서 해풍과 태양, 숯불의 열기에 마르고 밤이슬의 단맛까지 첨가돼 3개월 정도 바짝 마른 조기는 마침내 전혀 새로운 맛을 지닌 굴비로 재탄생했다. 그것이 진짜 굴비였다. 이 굴비를 보리쌀 독에 보관한 것을 보리굴비라 했다. 보릿독에 굴비를 넣어둔 것은 보리 항아리 속이 늘 서늘하고 보릿가루가 굴비에서 배어나오는 기름을 잡아줘서 굴비 원래의 맛을 유지해 주었기 때문이다. 지금은 냉장고가 있으니 굳이 보릿독에 묻어둘 이유가 없다.

이제 더 이상 칠산 바다의 진짜 참조기로 만든 오사리굴비도, 보리굴비도 맛보기 힘든 시절이 됐다. 그런데 아직도 영광처럼 전통 방

〈관매도에서는 일상이 화보다!〉

식으로 참조기 굴비를 만드는 섬이 있다. 전라남도의 '가고 싶은 섬'으로 지정된 진도군 관매도다. 국립공원 명품마을 1호이기도 한 관매도는 자연과 사람 살이의 원형이 고스란히 보존된 섬이다. 국립공원 지역의 섬들이 개발을 위해 국립공원에서 벗어나려 애쓸 때, 자처해서 국립공원으로 남은 섬이기도 하다. 아름다운 숲 전국대회 대상을 받은 3만 평의 3백 년 해송 숲은 서해안 최고의 솔숲이다.

관매도에서는 제사나 명절, 반찬용으로 굴비를 만드는데 관매도 여행을 가야만 이 진짜 굴비를 맛볼 기회가 생긴다.

과거 관매도에는 조기잡이 배가 많았다. 그래서 장산평 마을에는 아직도 조기를 절이던 간독이 남아 있다. 당시에는 굴비를 만들어 팔기도 했는데 그 시절 먹던 굴비 맛을 잊지 못하고 주민들은 지금껏 집집마다 굴비를 만든다. 관매도 사람들은 절인 조기를 긴 장대에 매달아 하늘 높은 곳에서 한두 달씩 말린다. 햇빛과 3만 평 솔숲의 솔향기를 머금고 온 해풍이 만들어준 관매도 굴비. 관매도 할머니들이 쑥을 뜯어다 넣고 손수 빚은 쑥막걸리와 함께 쭉쭉 찢어 먹는 굴비는 뭍에서 가져온 온갖 시름을 다 풀리게 해준다. 관매도 사람들이 이 특별한 전통굴비를 판매용으로 만들어 내륙 사람들에게 맛볼 기회를 준다면 얼마나 좋을까?

솔향기굴비찜

1 해풍에 바짝 말린 굴비를 쌀뜨물에 2시간 정도 담가 짠맛을 줄이고 부드럽게 만든다.
2 찜통에 넣고 30분 정도 쪄낸다.
3 수제 쑥막걸리를 곁들이면 맛이 더 좋다.

17 대마도
황칠나무보양탕
만병통치나무로 끓인 보양탕

섬들이 얼마나 많이 몰려 있으면 이름도 새떼 섬일까! 조도(鳥島)를 풀이하면 '새섬'인데 새가 많다는 뜻이 아니라 새떼처럼 많은 섬이 바다에 펼쳐져 있다 하여 조도라고 한다.

조선시대 조도는 동아시아의 교두보를 찾던 영국 함대가 그 지정학적 가치를 먼저 발견했던 섬이다. 거문도 점령 이전 영국은 조도를 동양진출의 발판으로 삼으려 했었다. 그래서 1816년, 청나라 산성동 위해(威海)를 순방하고 돌아가던 영국 함대 3척은 조도에 들어가 조사활동을 벌였다. 그 기록이 리라호 선장 바실 헐이 쓴 「한국 서해안과 유구도 탐색 항해 전말서」라는 보고서다. 바실 헐 선장은 진도의 조도해역이 '동양에서 항구 건설에 가장 좋은 후보지'라 주

<호수처럼 아늑한 대마도 앞바다>

장했다. 바실 헐 선장은 '산마루에서 주위를 바라보니 섬들의 모습에 가슴이 벅차올랐다. 섬들을 세어보려 애를 썼으나, 여간 어려운 일이 아니었다. 120개는 되는 듯했다. 경치는 황홀감을 주기에 충분했다'고 기록하고 있다.

조도군도(鳥島群島)를 아우르는 진도군 조도면은 우리나라에서 면 단위로는 가장 섬들이 많이 모여 있는 섬 왕국이다. 섬들로만 이루어진 자치단체인 옹진군이나 강화군, 남해군, 보령시 등보다도 섬이 많다. 조도면에는 무려 179개의 섬들이 있는데 이중 유인도가 37개, 무인도는 142개다.

대마도는 조도군도의 섬 중 하나다. 면적 2.4km²의 좁은 땅에 100여 명이 살아간다. 대마도는 섬의 모양이 큰 말처럼 생겼다 해서 '대마도' 또는 '대마리'라 했다고 전해진다. 하지만 대마리 마을 뒷산을 '마장(馬場)'이라 불렀으며, 산 옆 능선을 '마장제'라 불렀다는 것으로 미루어 조선시대 섬들이 그랬던 것처럼 대마도 또한 한때 국영 말 목장이었을 것으로 추정된다. 이름의 유래 또한 말처럼 생긴 지형 때문이 아니라, 말 목장에서 기인했을 가능성이 크다.

대마도에서는 매년 음력 정월 초사흗날 마을의 풍요와 안녕을 비는 제사인 당제를 지냈다. 당제는 동쪽 산허리에 있는 윗당(큰 소나무당)과 마을에 있는 아랫당에서 모셨고 해안가에서는 용왕제를 모셨다. 윗당에서는 특별히 정성을 들였다. 당제 지낼 때는 제관이 정월 초하루에 제당에 올라갔다가 초사흗날 내려왔다. 제관은 제물로 잡을 소를 데리고 갔는데 소가 제당 앞에다 똥을 싸기라도 하면 부정 탔다 해서 제관을 다시 뽑을 정도로 엄했다. 제관은 소변을 보면 손을 씻어야 하고 대변을 보면 목욕을 해야 했음으로, 추운 겨울에 고생하는 것이 싫어서 제를 지내기 1주일 전부터 단식을 하기도 했다. 당제 때는 마을 주민들이 농악기를 들고 당굿도 쳤으나 1970년대에 들어서면서 중단되고 말았다.

대마도 짝지골에는 섬마을 공동체의 신화적인 삶의 단편을 보여주는 이야기가 전해진다. 해방 후 짝지골에는 산신님이라 불리던 할머니와 산신님 남편인 할아버지가 살았단다. 할머니는 비손하는 분이었다. 대신 손으로 빌어주는, 기도해주는 일이 비손이다. 비손하는 이는 일종의 사제와 같다. 할머니는 김씨 집안 분이었는데 늘 하얀 명주(비단)옷을 곱게 차려입고 고고한 모습으로 있었다. 밭일이나 땔감 등 살림은 모두 할아버지의 몫이었다. 누군가 아프거나 또 소원하는 일이 있으면 마을 주민들은 산신님께 아주 공손히 부탁드렸고 그러면 산신님은 사철나무에 띠를 매어두고 호롱불을 켠 채 손을 비비며 기도를 바쳤다. 산모가 아이를 낳을 때도 기도해 주었는데 산신님이 곁에서 바라만 봐주어도 산모는 편안함을 느꼈다. 아이도 더 쉽게 낳았다. 그야말로 진정한 산신님이었다.

대마도의 서북쪽에는 깎아지른 듯이 날카로운 '빠진골'이라는 절벽이 있다. 여기에 깃든 이야기도 애절하다. 옛날에 대마도에 장오 딸이라는 여인이 있었다. 어느 날 사랑하는 남자가 바다에 나가 돌아오지 않자 여인은 남자를 그리다가 절벽에서 뛰어내려 죽었다. 그래서 이곳을 '장오 딸 빠진골'이라 한다.

대마도 동쪽에는 썰물 때만 드러나는 암초인 '오복여'가 있다. 여기 얽힌 사연도 신비롭다. 100여 년 전에는 오복여가 없었다고 한다. 당시에는 지금의 학교터에 마을이 자리하고 있었는데, 어느 날 갑자기 마을 앞에 오복여가 나타나자, 사람들이 깜짝 놀라 마을을 지금의 자리로 옮겼다고 전한다. 갑자기 나타난 섬 이야기는 서남해 섬들에 드물지 않게 나타나는 서사 중 하나다. 거제의 외도가 일본의

〈대마도 해조류 양식장〉

대마도 쪽에서 갑자기 떠내려왔고 제주의 비양도는 중국 쪽에서 갑자기 날아왔다는 신화가 있다. 진도의 대마도에도 비슷한 신화가 전해진다는 사실이 흥미롭다.

대마도 인근 해역은 수많은 어족의 산란장이자 몰(모자반)이 많이 나는 곳으로 유명하다. 전복, 소라, 문어 등 해산물도 풍부하다. 지금은 귀해졌지만 뜸북 또한 많이 산출됐던 곳이라 과거에는 뜸북국도 많이 끓여 먹었다. 주로 소뼈로 끓이는 진도 본섬의 뜸북국과는 달리 대마도에서는 해산물 뜸북국을 많이 끓였다. 성게뜸북국, 도다리뜸북국 등을 즐겨먹었다.

근래에 대마도에는 황칠보양탕이라는 아주 특별한 먹거리가 생겼다. 황칠은 그 찬란한 황금빛 때문에 왕실의 칠로 통하는데 옻칠보다 더 귀한 칠이다. 황칠은 황칠나무 수액을 정제해 만든다. 종이나 대나무는 물론 금속 공예에 도료로 쓰인다. 황칠나무는 주로 제주도, 보길도, 진도, 홍도 등의 남쪽 섬 지역에서만 자생해 온 귀한 나무다.

당(唐)나라 시대에 저술된 『통전(通典)』에는 '백제 서남지방 바다 가운데 세 섬에서 황칠이 나는데, 6월에 백류(白流)를 채취하여 기물에 칠하면 금빛과 같아서…'라는 기록이 있다. 또 『계림지(鷄林志)』도 '고려의 황칠은 섬에서 난다. 6월에 수액을 채취하는데 빛깔이 금과

〈황제의 찬이 부럽지 않은 대마도 보양식〉

같으며, 볕에 쪼여 건조시킨다. 본시 백제에서 나던 것인데, 지금 절강(浙江) 사람들은 이를 일컬어 신라칠(新羅漆)이라 한다'고 기록하고 있다. 고대부터 서남해 섬들의 특산물로 유명했던 것이다.

황칠나무의 학명은 덴드로 파낙스(Dendropanax morbifera)인데 이 라틴어는 만병통치나무란 뜻이다. 서양에서도 예전부터 뛰어난 약효를 인정받았던 나무이다. 황칠나무는 항산화 작용이나 혈압, 당뇨 등의 치료에도 효과가 있다고 알려져 있다. 그래서 요즈음 칠보다도 약용나무로 쓰임새를 넓혀가고 있다.

대마도에 자생하는 황칠나무를 이용해 차려내는 음식이 황칠보양탕이다. 황칠나무 달인 물을 활용한 보양식이라 원기 회복에 최고다.

황칠나무보양탕

1 황칠나무의 가지와 잎을 넣고 5시간 이상 불을 때서 푹 고아내 진국을 만든다.
2 황칠나무 끓인 물에 토종닭과 전복, 문어 등의 해산물을 넣고 2시간 정도 더 끓인다.

18 모도
꽃게초회
딱딱한 갑옷 속에 감추어진 에로틱한 속살의 맛

횡행거사, 무장공자. 손암 정약전이 『자산어보』에서 거론한 게의 별칭들이다. 옆으로 걷는다 해서 횡행거사, 창자가 없다 해서 무장공자다. 등딱지 안에 노란 살이 있어서 내황후라고도 한다. 횡행거사니 무장공자니 하는 별칭은 게의 행태에서 비롯된 부정적인 의미를 함축하고 있다. 속창아리 없는 놈, 정도를 가지 못하는 놈이란 뜻으로 쓰인다. 그래서 과거 우암 송시열이나 사계 김장생 집안 등의 양반가에서는 게 먹는 것을 금하기도 했다. 정도를 가지 못하고 창자도 쓸개도 없이 사는 삶의 태도를 경계하기 위한 경책이었을 것이다. 속 창자가 없거나 말거나 옆으로 걷거나 말거나 선인들과는 달리 요즘 사람들의 게에 대한 사랑은 무조건적이다. 꽃게, 대게, 털게부터

킹크랩까지 무한정이다. 게살이 주는 에로틱한 맛 때문일까. 딱딱한 외피를 벗겼을 때 드러나는 한없이 부드러운 속살은 왠지 입맛을 달 뜨게 한다.

진도군 모도 선창가. 해마다 영등철이면 바다가 갈라져 진도 본 섬과의 사이에 신비의 바닷길이 생기는 바로 그 섬이다. 꽃게잡이 그 물을 가운데 놓고 선주 가족들이 둘러앉아 바다에서 거둬 온 그물 에서 꽃게를 따고 있다. 어느 섬을 가나 올해는 물고기의 씨가 말랐 다고 아우성이다. 꽃게 또한 마찬가지다. 그래서 조업을 포기한 어선

〈어망을 손질하는 어부〉

들도 수두룩하다. 정부나 언론은 물론 어민들까지 중국어선들 탓으로만 돌리지만, 나그네인 내가 보기에는 자업자득인 측면도 있다. 중국어선이 없던 과거에도 우리 바다에 조기와 꽃게의 씨가 말랐던 적이 있다. 치어까지 마구잡이로 잡아들인 일부 선주들의 탐욕 탓이었다. 그렇게 사라졌던 어족들이 인간의 손길을 피해 깊은 바다에 숨어 개체 수를 늘리는 게 탐지되자, 우리는 또 쫓아가 미친 듯이 싹쓸이해 왔다. 이제 다시 어족의 씨가 마를 때가 된 것이다.

　얘기가 잠깐 옆길로 샜다. 하지만 어족의 씨가 마른다면 무슨 해물요리인들 가능하겠는가. 오래오래 맛난 음식을 먹기 위해서라도 함부로 남획하지 말자는 얘기다. 안 그러면 영영 맛볼 수 없게 된다.

　귀한 꽃게가 오늘 모도 어부의 그물에는 사과처럼 주렁주렁 열렸다. 우리에게 익숙한 꽃게 요리는 찜이나 탕, 무침이나 간장게장 정도다. 실상 이 또한 배불리 먹기는 힘들다. 옛날에는 꽃게 알을 말린 꽃게알포란 것도 있었지만 지금은 꿈도 꾸지 못할 요리다. 오늘 모도의 어부는 새로운 꽃게 요리법을 알려준다. 그는 칠십 평생을 어선만 타고 살았다. 한국 바다를 바늘로 꿰라면 꿸 정도로 바다 사정이 훤하다. 배를 탔을 때 그의 최고 '쏘주 안주'는 꽃게회다. 그냥 생선회처럼 날것을 그대로 먹는 회다. 통영지역에도 꽃게회란 것이 있다. 싱싱한 꽃게를 급랭해 놨다가 꺼내서 자른 뒤, 양념간장을 부어서 먹는 것이다. 발효를 시키지 않고 생것을 그대로 먹는다는 것이 게장과의 차이점이다. 그런데 모도 어부의 꽃게회는 좀 더 야생

적이다. 날것 그대로의 꽃게회.

어부는 평생 배를 탔던 그의 작은 아버지에게 꽃게회 먹는 법을 배웠다. 꽃게를 민물에 잘 씻은 뒤 게딱지와 몸을 분리하고 맞춤하게 잘라서 접시에 올리면 그만이다. 소스는 간장에 다진 마늘과 풋고추, 참깨, 참기름을 넣어 만든다. 고추냉이나 겨자를 곁들여도 좋다. 즉석에서 꽃게를 손질해 회를 만들었다. 하얀 속살이 탱탱하다. 꽃게 다리를 하나 들고 장에 찍어 입에 넣으니 달디단 속살이 눈 녹 듯이 녹아버린다. 전혀 비리지 않다. 살짝 냉장숙성을 거치면 더 감칠맛이 날 듯도 하다. 그래도 이 얼마나 호사인가. 선창가에서 꽃게회라니. 어부가 한마디 하신다.

"재벌도 이 맛을 모를 거야."

바다박사인 어부가 알려주는 팁 하나.

"수족관에 있는 산 꽃게는 맛없어. 배멀미, 차멀미에 시달리느라 진이 다 빠져부러. 차라리 배에서 막 잡아 급랭한 것이 더 맛나."

진도 서망항 인근에서는 꽃게회뿐만 아니라 꽃게초회를 만들어 먹기도 한다. 이 또한 게장과는 달리 신선하고 고소한 단맛이 일품이다.

 꽃게초회

1 꽃게를 깨끗이 손질한다. 꽃게의 배딱지 옆 딱딱한 부분을 떼어낸 뒤 흐르는 물에 솔질해서 깨끗이 닦아낸다.
2 등딱지와 몸통을 분리한 뒤 몸통을 먹기 좋게 잘라 접시에 올린다.
3 잘 손질된 꽃게는 소스에 직접 찍어 먹기도 하고 소스를 뿌려서 먹기도 한다.
4 소스는 간장, 식초, 설탕, 물엿, 매실액, 다진 마늘, 청양고추 빨간 것과 파란 것 약간, 다진 양파, 후추 등을 넣고 만든다.
5 꽃게초회는 바로 먹기도 하지만 하루쯤 숙성 시킨 뒤 먹기도 한다.

19 진도
찹쌀홍주
고급 양주보다 부드러운 우리 술

　홍주는 진도의 술이다. 고려 말부터 빚어지기 시작해서 지금까지 이어지고 있는 전통 명주다. 고려 말 원나라로부터 유입된 소주가 진도 지방으로 들어오면서 진도 사람들이 애용하던 약초인 지초와 결합돼 만들어진 증류주다. 제조는 3단계의 과정을 거친다. 누룩 만들기, 담금 및 발효, 증류. 누룩은 보리로 만들고 술을 담글 때는 쌀·보리·수수 등을 주정으로 쓰는데 한 가지 원료만을 쓰기도 하고 섞어서 쓰기도 한다. 일반적으로는 쌀:보리누룩:물을 1:1:3의 비율로 배합해서 쓴다. 20~25℃의 온도에서 12일 정도면 발효된다.

　발효된 술을 솥에 넣고 60℃ 정도로 가열하여 비점(沸點)이 낮은 휘발 성분을 제거한 뒤 솥 위에 고조리를 밀착시키고 냉각수를 부

〈홍주의 붉은 빛을 만드는 진도의 만병통치약 지초〉

으면 고조리 끝에서 증류된 소주가 한 방울씩 떨어져 나온다. 소주가 떨어지는 고조리 밑에 잘게 썬 지초 뿌리를 삼베로 만든 주머니에 담아두면 술 방울에 붉은색이 스며들어 홍주가 완성된다. 지초는 덧술 1말당 100g 정도 사용한다.

예로부터 지초는 진도의 만병통치약이자 상비약이었다. 지초의 뿌리는 자근이라 하여 피를 맑게 하고 부종을 없애고 해독작용이 있다. 설사와 복통에도 효과가 크다. 또 체했을 때도 약용했고 피부병에도 치료제로 썼다. 자색 색소로도 이용된다.

몽고에서 유입된 소주 제조법과 진도의 최고 약초인 지초가 만나 탄생한 술. 지초로 인해 홍주는 붉은빛을 얻었다. 그래서 지초주라고도 한다. 홍주는 본래 부잣집에서 제조되어 오다가 해방 이후

밀주 단속이 심해지면서 생활이 어려운 여인들이 생계 수단으로 몰래 담가 팔면서 비법이 전해져 오늘에 이르렀다. 요즈음은 재래식으로 만드는 곳은 많지 않고 유통되는 대부분이 공장에서 만들어진다. 진도에서도 손으로 직접 빚는 홍주는 점점 사라져 현재는 진도읍내에서 4-5명 정도만 직접 빚어서 판다. 그중에서도 찹쌀로 빚는 홍주는 곽영진 할머니가 유일하다. 찹쌀홍주는 멥쌀로 빚은 것보다 훨씬 더 부드럽다. 목 넘김에 거친 맛이 전혀 없다. 나는 인간문화재였던 홍주 명인 허화자 선생이 돌아가시고 난 뒤부터 다른 홍주들은 좀처럼 입에도 안 댔었는데 찹쌀홍주를 맛보고 나서야 비로소 홍주에 대한 입맛을 되찾았다. 아주 깔끔해서 어떤 고급 양주에도 결코 뒤지지 않는다.

진도에서 전통 방식으로 내린 홍주가 사라져 가는 것은 만드는 과정이 너무나 힘들고 이익도 거의 없기 때문이다. 곽영진 할머니는 혼자서 직접 홍주를 내리시는데 잘 나와야 한 달에 20되 정도다. 홍주를 만들어서 다 팔아봐야 한 달 수입 120만원. 누룩, 보리, 찹쌀, 지초 등 재료비를 제외하면 대체 몇 푼이나 남을까 싶다. 홍주 만들어서 겨우 용돈벌이나 하고 살아갈 뿐이다. 이런 분들이야말로 진짜 문화재인데 단지 문화재로 지정이 안 됐다는 이유만으로 지원은 전무하다. 진도에서도 몇 안 남은 이분들이 돌아가시고 나면 진짜 홍주의 맥은 끊기고 말 것이다. 가슴 아픈 일이다. 곽영진 할머니는 남편이 교사로 일해서 안 가본 섬이 없다. 남편은 말년에 교장으로 재직하다 퇴직했다. 그래서 홍주 빚는 법을 배운지는 오래되지 않았다. 15년 정도 경력.

진도에서 홍주를 빚다가 서울의 자식들 집에 살러 갔던 사촌언니 (고)곽순진 씨가 진도로 내려왔는데 자신의 집은 좁아서 술을 만들 수 없었다. 동생 집이 넓으니 술 만들게 해달라고 해서 곽영진 할머니는 장소를 내줬다. 그때부터 언니 옆에서 홍주 만드는 법을 배우기 시작했다. 5년간 보조로 배우다 언니가 돌아가시자, 10년 전부터는 혼자서 홍주를 만들어 오고 있다. 언니는 주정을 멥쌀로 했는데 술이 더 부드러울 거 같아서 값비싼 찹쌀을 쓰기 시작했다. 만들어보니 실제로도 훨씬 순했다. 그래서 지금껏 찹쌀홍주를 만들어 오고 있다. 술 빚는 일을 계속하는 것은 남편이 세상을 뜬 뒤 살림이 어렵기도 하고 손자들을 돌볼 돈이 필요해서이기도 하다. 역시 전통은 생계를 통해 이어진다.

주정은 찹쌀, 누룩은 밀누룩을 쓴다. 밀은 5일장에서 사온다. 홍주를 내리기 위해서는 먼저 원주인 막걸리를 만든다. 증류주는 고리로 내리는 것도 중요하지만 일단은 원주가 좋아야 한다. 한 번에 대략 2말짜리 8솥(16말) 분량의 동동주를 만든다. 2말짜리 동동주 한 솥을 증류하면 많이 나올 때는 4되, 적게 나오면 3.5되쯤 나온다. 원주 8솥이면 대략 28-32되 정도의 홍주가 나오는 셈이다. 8솥의 동동주를 만들려면 먼저 20kg짜리 밀 3포대와 20kg짜리 찹쌀 3포대를 준비한다.

밀은 누룩의 원료다. 빻은 밀을 물과 배합해 네모나 둥근 형태로 만든 뒤 밀가루 포대 위에 볏짚을 깔고 그 위에 올려놓는다. 1주일쯤 지나면 누룩이 완성된다. 누룩은 붉고, 노랗고, 파란 곰팡이가 골고루 핀다. 그래야 잘 띄워진 것이다. 한 가지 색만 나오면 누룩이 되지 못하고 썩어버린 것이다. '꼬실꼬실하니 깡깡해진' 누룩 덩어리를 잘게 깨서 물을 부어 5일쯤 두면 부글부글 끓는다. 이때 20kg짜리 찹쌀 3포대를 잘 쪄서 술통에 넣는다. 여기에 다시 물을 '헐렁하니' 부어서 잘 덮어둔다. 10일 정도 발효가 되면 식혜처럼 쌀알이 동동 뜨는 동동주가 된다.

잘 익은 동동주를 건더기까지 솥에다 넣고 소주 고리를 올린다. 가마솥의 뜨거운 술이 끓으면 증기가 위의 찬물에 부딪치면서 술방울이 고리를 통해 내려온다. 술 방울이 떨어지는 주둥이 아래 작은 오가리에 두손 가득한 분량의 지초를 거름망에 담아서 놔두면 술방울이 지초를 통과하며 붉은색을 우려낸다. 그렇게 한 방울씩 모여 붉은 홍주가 탄생한다. 지초의 붉은색은 그냥 우러나지 않는다. 뜨거운 술이나 참기름에 볶아야만 우러난다.

한여름에는 술이 시어질 수 있다. 온도 조절을 잘해야 한다. 술통을 놓을 때 밑에 나무로 틀을 짜서 그 위에 얹는다. 공기가 잘 통해야 온도를 맞출 수 있다.

 찹쌀홍주

1 잘 익은 동동주를 건더기까지 솥에다 넣고 소주 고리를 올린다.

2 소주 고리 위에 찬물을 번갈아 주면서 장작불을 땐다.

3 술 방울이 떨어지는 주둥이 아래의 작은 오가리에 지초를 거름망에 담아서 놔둔다.

4 술 방울이 지초를 통과하면서 붉은색을 우려낸다.

섬에서 나서 섬 밖으로

한 번도 나가 보지 못한 사람도

뭍의 사람들이 겪는 일을

다 겪으며 살아간다. 섬에 있어도,

섬을 떠나도 사람은 삶에서

터럭만큼도 벗어날 수 없다.

20 노화도
말린복곰탕
겨울 보양식, 찐득한 복곰탕

생 복국의 고수들은 많지만 말린복국의 고수들은 만나기 어렵다. 조리하기까지의 과정이 쉽지 않은 까닭이다. 목포 선창가 허름한 보리밥집에서 말린 복 요리의 고수를 만났다.

"말린 생선을 입에서 살살 녹게 만드는 게 기술이지."

주인 여자는 전남편과 28년을 살다가 몇 해 전 헤어졌다. 혼자가 되니 그렇게 자유롭고 행복할 수가 없다. 환갑이 넘어 뒤늦게 야간 고등학교를 다니며 공부를 한다. 직장 다니는 아들딸뻘 되는 동급생들과 MT도 다니고 스터디도 하고 같이 술도 마시고 그렇게 즐거울 수가 없다. 간다는 말 한마디 없이 속절없이 가버린 청춘을 되찾은 듯하다.

<목포 선창가에서 만난 노화도 말린복곰탕>

"노화도 큰 애기가 손 날랍고 빠르제. 어려서는 삼립빵 공장에도 다녔었어."

다른 섬 처녀들이 그렇듯이 여자도 어린 시절 부산으로 가서 삼립빵 공장에서 노동자로 일하기도 했었다. 고향 노화도가 세 섬 중 유독 갯벌이 많은 섬이었던지라 해본 가락이 있어서 여자는 낙지도 곧잘 팠다.

전남편은 완도군 소안도 태생이었는데 '머구리'(잠수부)를 하다가 보길도에 정착했다. 여자는 노화도가 고향이었다. 보길도, 노화도, 소안도 세 섬은 엎어지면 코 닿을 정도로 가까운 섬들이다. 노화도에 살던 여자는 남자를 만난 뒤 보길도로 들어가 살림을 합쳤다. 둘다 초혼이 아니었다. 하나는 아들 셋, 하나는 아들 둘이 있었다. 지금은 그 다섯이나 되는 아이들을 다 키워서 공부시키고 장가까지 보냈다. 살림을 합치고 보니 홀시아버지에 장가 안 간 '시아재'(시동생)까지 모두 아홉 식구나 됐다.

남편의 첫 아내는 제주 해녀였다. 그녀는 남편이 바람을 피우자 홧김에 농약 먹고 자살해 버렸다. 남편의 집은 보리 한 되 없을 정도로 가난했다. 여자의 첫 남편도 '머구리'였다. 동갑내기였는데 제주 성산포에서 잠수하는 사람이었다. 펜팔로 만났더랬다. 아이들 셋을 낳고 잘 살았었는데 잠수병을 얻었고 끝내 심장마비로 죽었다. 그런데 또 '머구리' 남자를 만나 살았다.

"우리 식구 몫하고 바꾼 돈을 갖고 가서 2년을 지냈지."

여자는 첫 남편 사고 보상금으로 나온 돈을 가져가 두 번째 남편 식구들이랑 2년을 먹고살았다. 그 후로는 막막했다. 그런데 마침 통리에 선착장 공사가 있었다. 공사 책임자를 찾아가서 도와달라고 무릎 꿇고 빌었다. 공사판 인부들 밥을 도맡아 해주는 함바집을 시작했다.

"나 혼자만 세상을 다 짊어지고 산 거 겉었어."

함바집을 하면서 겪은 고생은 차마 말로 다 할 수가 없다.

6년, 그 징한 세월을 날마다 새벽 3시면 일어나 밥을 했다. 그때는 다른 연료가 없던 시절이라 매일 나무로 불을 때서 50명분의 밥을 짓고 국 끓이고 반찬을 만들었다. 낮에도 쉴 틈이 없었다. 방죽에 가서 물을 길어다 놔야 했다. 오후에는 그 물을 가마솥에 붓고 장작불을 때서 끓였다. 저녁마다 일 끝나고 온 인부들 50명이 씻을 수 있는 따뜻한 물이 필요했다. 여자 혼자서 매일같이 그 징그러운 일을 다 했다. 6년, 2190일 동안 32만 8500그릇의 밥을 지었고, 10만 동이의 물을 길어다 끓였다. 그뿐일까? 아홉 식구 먹이고 입히고 기르고 뒷바라지까지 해야 했다. 물이 빠지는 때면 펄에 나가 낙지랑 조개를 파다가 함바집 반찬거리도 장만했다. 세상에는 말로 다 할 수 없는 고통도 있다. 여자가 그랬다. 오로지 악착같이 돈을 벌어들인 여자의 공으로 집안의 생활이 조금 나아졌다.

"돈 좀 번께 신랑이 바람이 난 거여."

그것도 윗마을 사는 남편 친구의 아내랑 바람이 났다.

"지가 이 세상에서 가질 수 없는 여자를 가졌는디. 손이 못 하는 게 없고 비싼 손인디."

바람피우지 말라고 말리면 주먹이 먼저 날아왔다.

"막 뚜드려 패고, 한번은 장작으로 뒷통수를 처갖고 내 눈이 나와 버렸어."

다행히 병원 가서 주사를 맞으니 눈은 들어갔다. 하지만 남편에게 맞아서 귀 한쪽은 아예 들리지 않게 돼버렸다.

바람피우는 것을 동네 사람도 다 알고 소문도 다 났는데 남편은 끝끝내 오리발을 내밀었다. '두 연놈이 여관에 들어가는 현장을 누

<병어구이>　　　　　　　　　　<노화도 어부의 술상>

가 알려줘서' 결국 여관까지 가서 조용히 기다렸다. 지금은 사라진
노화도 섬장 여관 7호실. 오징어와 맥주까지 시켜놓고 마시면서 두
연놈의 정사가 끝나길 기다렸단다. 드디어 두 연놈이 옷 챙겨 입는
소리가 들리자 문밖에서 소릴 질렀다.

"끝났으면 나와 개새끼야!"

하지만 그 후로도 두 연놈의 만남은 지속됐다. 결국 여자 쪽 남
편도 그 사실을 알게 됐고 그 여자가 서울로 도망가면서 사태는 종
결됐다.

여자는 더이상 섬에 살기가 남부끄러워 식솔들을 이끌고 목포로
나왔다. 그런데 목포에 나와서도 남편의 바람기는 잦아들 줄 몰랐
다. 또 바람이 났다. 여자가 전남편 사이에서 낳아서 데려왔던 큰아
들의 학교 친구 엄마랑 바람이 났다. 몇 번을 바다에 몸을 던지려고
하다가도 아이들 때문에 살았다. 남편은 잘생긴 것도 아닌데 여자가
잘 따랐다. 알고 보니 이유는 돈 때문이었다.

"잘 생기도 안혔어. 근데 돈을 잘 써. 돈을 잘 쓰니 여자가 자꾸 붙어."

그래도 여자는 자식들 생각해서 이혼만은 안 할 생각이었다. 그런데 남편이 사귀던 그 여자가 5년 동안이나 쫓아다니며 헤어지라고 강짜를 부리는 통에 결국 마음을 접었다. 마음을 접으니 오히려 마음이 편했다. 마침내 파란만장했던 두 번째 결혼 생활의 종지부를 찍었다. 별다른 절차는 필요가 없었다. 제주 해녀였던 첫 시어머니가 '남자랑 살더라도 혼인 신고는 하지 말라'는 아주 현명한 충고를 했었고 여자는 그 충고를 따랐다. 그 때문에 보길도서 남편이랑 바람 났던 여자는 '호도(호적도) 없는 년이 까분다'며 오히려 큰소리치며 덤비기도 했지만 말이다.

여자는 복 요리의 기술자다. 생선을 말리는 데도 선수다. 마른 생선은 간을 삼삼하게 해야 맛있다. 너무 짜게 절여서 말리면 맛이 없다. 생선은 무조건 '산 놈을 말려서' 쓴다. 가을부터 겨울 사이에 말리는데 햇볕보다는 바람에 살살 말리는 것이 좋다. 복어를 다룬 지도 벌써 35년째다. 복은 독이 있어서 손질이 정확해야 한다. 복을 손질할 때는 머리도 댕강 잘라버리는데 머리 쪽의 껍데기는 남긴다. 복 껍질뿐이랴. 껍질이야말로 생선 맛의 절정이 아닌가! '민어 껍질, 숭어 껍질에 밥 싸서 먹다 논밭 다 팔았다'는 식담(食談)이 있는 것도 그 때문이다. 통영의 전통 음식인 '대구껍질누르미'나 '홍어껍질묵'의 사르르 녹는 맛은 또 어떤가! 복의 머리 껍데기까지 살뜰히 챙기는 여자가 그래서 기술자다.

섬에서도 복은 최고의 맛으로 귀한 대접을 받았다. 하지만 복은 맹독이 있으니 늘 위험천만했다. 예전에는 복을 먹고 죽는 일도 빈번했다. 지금도 그렇지만 복어 독은 약이 없었다. 섬에서는 복을 먹고 죽은 사람은 열흘 정도 묻지 않고 놔뒀다. 죽은 줄 알았는데 1주일, 열흘 만에 되살아나는 사람도 있었다. 복은 해독을 철저히 해야 한다. 그냥 요리가 아니다. 사람 목숨이 걸린 요리다. 하지만 복은 절차에 따라 완전히 해독하면 문제가 없다. 사고는 꼭 쓸데없이 만용을 부리다 당한다.

오늘 여자의 요리는 노화도, 보길도 살던 시절 해먹던 특별한 복요리다. 그냥 복국이 아니라 말린복곰탕이다. 그녀의 진하고, '징한' 삶이 녹아들어간 요리. 복은 참복이나 까치복을 주로 쓴다. 생 복을 사서 잘 손질하고 독을 뺀 뒤 바짝 말려둔 것이다. 35년간 복요리를 해왔지만, 여자의 복요리를 먹고 탈이 난 사람은 하나도 없다. 예전에는 겨울철이면 장작불을 때서 밤새도록 고아서 먹었던 것인데 요즈음은 압력솥에 고아낸다. 국물을 떠먹으면 입안이 찐득찐득해질 정도가 되어야 제대로 고아진 것이다. 반드시 참기름이 들어가야 맛이 산다. 주인 여자의 비법이다.

 말린복곰탕

1 생 복을 잘 손질하고 독을 뺀 뒤 바짝 말려둔다.
2 말린 복을 통째로 솥에 넣고 물을 부은 뒤, 딱딱한 뼈가 녹을 정도로 끓인다. 예
　전에는 장작불을 때서 밤새도록 고아냈지만, 요즘은 압력솥에 고아낸다.
3 푹 고아낸 곰국에 파, 마늘, 참깨, 참기름을 고명으로 넣고 한소끔 푸르르 끓인다.

21 보길도
전복포

최고의 술안주인 동시에 최상의 보약

　조선 후기 보길도는 선비들의 로망이었다. 그래서 '예로부터 동방의 명승지로는 금강산 삼일포와 보길도가 있다고 하는데, 그윽한 아취로는 삼일포가 보길도만 못하다'는 기록도 있다. 고산 윤선도의 5대손 윤위(1725~1756)의 보길도 여행기인 「보길도지」에 나오는 이야기다. 병자호란 직후 고산은 보길도에 은둔하며 그의 왕국인 부용동원림을 건설했고 「어부사시사」를 창작했다. 부용동원림은 한국의 3대 전통 정원 중 하나로 꼽히고 「어부사시사」는 조선시대 시가문학의 대표작으로 손꼽힌다. 보길도는 가히 고산의 섬이었다. 그러나 지금 보길도는 전복 섬이다. 보길도 바다는 온통 전복 가두리 양식장으로 빼곡하다.

〈보길도의 다양한 전복 요리〉

전복은 버릴 것이 없는 조개다. 전복은 껍데기까지도 쓸모가 있다. 껍데기는 나전칠기 재료는 물론 약재로도 쓰였다. 『본초강목』에는 '실명에 이를 수 있는 눈병까지 치료한다'고 했다. 그래서 전복 껍데기를 석결명(石決明) 혹은 천리광(千里光)이라 한다. 정약전의 『자산어보』는 삼국지의 주인공 조조도 전복을 즐겨 먹었다고 기록하고 있다. 진시황뿐만 아니라 조조까지 전복 마니아였다니, 전복이 귀한 대접을 받은 것은 예전이나 지금이나 같다. 지금은 양식 덕분에 흔해져 전복 라면까지 등장할 정도지만 씨알 굵은 것이나 자연산은 여전히 고가다. 예전에 전복은 당연히 부와 권세가 있는 사람들이나 먹던 귀물이었다. 제주를 비롯한 섬이나 해안 지방에서 전복이 수탈의 상징이기도 했던 것은 그 때문이다. 궁궐은 물론 왕실 종친들의 전복 공출 요구 때문에 제주에서는 뭍으로 탈출하는 남자들이 부지기수였다. 제주에는 본래 해녀만 있었던 것이 아니라 전복을 따는 해남(포작)도 있었는데 전복 공출의 가혹함을 피하기 위해 남자들이 제주를 탈출하는 일이 많아지자, 2백 년 동안이나 제주민들을 육지로 나가지 못하게 만든 출륙 금지령이 내려지기도 했었다.

세종 때의 제주 안무사 기건은 한겨울에도 공출을 위해 벌거벗은 채 전복을 따다 바치는 해녀들을 보고 가슴 아파 평생 전복을 먹지 않았다고도 한다. 정조시대 통영에서도 어민들은 선희궁에 소속된 관리들의 전복 공출에 시달렸다. 결국 어민들의 해원을 위해 통영의 70살이 넘은 월성 정씨 부인이 천리 길을 걸어서 한양까지 올라가 격쟁을 울렸고 정조는 전복 공출을 면제시켜 줬다. 전복으로 인한 폐단이 얼마나 컸던지 짐작할 수 있는 일화들이다.

요즈음 완도군은 전복 양식의 메카다. 전국 생산량의 80%나 산출된다. 적합한 수온이나 지형 조건도 있지만, 완도가 전국 생산량의 40%를 점할 정도로 해조류 생산이 많기 때문에 가능한 일이다. 해조류는 전복의 먹이가 된다. 전복은 양식이냐 자연산이냐 하는 구별이 큰 의미가 없다. 양식 전복 또한 자연산이 먹는 미역, 다시마 같은 해조류를 먹고 크기 때문이다. 스트레스 없이 풍부한 먹이를 먹고 자란 양식이 오히려 더 부드럽다. 어패류나 해조류는 자연산이

냐 양식이냐 구분보다는 수질이 얼마나 깨끗한 곳에서 자라느냐가 관건이다.

완도군 소속인 보길도 또한 전복 섬이다. 전복 라면의 전설이 시작된 곳도 보길도다. 전복 요리의 대명사는 전복회와 죽인데 아직도 양심 없이 희멀건 전복죽을 끓이는 죽 전문점들이 있다. 하지만 전복죽은 내장을 쌀에 박박 문질러 푸른 물이 들게 한 뒤 끓여 내야 제맛이다. 그밖에도 전복구이나 찜, 물회, 내장젓이나 간장조림 등도 대중적인 전복 요리법이다. 하지만 보길도의 토속 전복 요리법은 따로 있다. 전복포다. 정약전의 『자산어보』에도 전복포가 등장한다. 전복을 복어(鰒魚)라 칭하면서 '그 살코기는 맛이 달아서 날로 먹어도 좋고 익혀 먹어도 좋지만 가장 좋은 방법은 말려서 포를 만들어 먹는 방법이다. 그 장은 익혀 먹어도 좋고 젓을 담가 먹어도 좋으며 종기 치료에도 좋다'고 했다.

보길도에서도 중리, 백도리와 함께 통리 마을에는 해녀들이 많이 살았다. 제주에서 물질 왔다가 눌러앉아 살게 된 해녀들도 있고 자생 해녀도 있었다. 과거에는 해녀들이 물질을 해온 해산물들을 생물로 유통시키기 어려웠기에 건정 문화가 발달했다. 여러 가지 해산물을 채취해서 말렸다. 해산물은 주로 습기가 없는 겨울에 말리는 것이 좋지만 때를 가리지 않았다.

　해삼을 말릴 때는 소금 간을 해야 한다. 소금에 절여서 5분 정도만 두면 해삼에 엉겨붙어 있던 검은 때가 쫙 빠져버린다. 솔로 한번 더 깨끗이 닦아낸 뒤 팔팔 끓는 물에 삶는다. 처음 삶은 해삼은 24시간을 소금 속에 묻어뒀다가 다시 삶기를 거듭한다. 세 번을 삶는다. 삶은 해삼은 그늘에서 바람에 말리는데 겨울 하늬바람이 해삼 말리는 데는 최고다. 삶아서 말린 해삼은 돌덩이처럼 딱딱해진다. 손바닥만 한 해삼이 '송챙이'(송충이)처럼 작아진다. 손가락이 찔릴 정도로 말려야 상품이다. 물컹해선 절대 안 된다. 해삼이 말리기 가장 까다롭다.

　전복이나 소라도 말렸다. 전복포는 지금이나 그때나 귀하디귀한 음식이라 주문이 있으면 말렸다. 전복 말린 것은 숫북(숙복)이라 하고 꾸죽(참소라) 말린 것은 패랍이라 했다. 꾸죽은 소금 간질해서 씻

〈보길도 보옥리 해변〉

〈보길도 앞바다 무인도 불무섬〉

은 다음, 칼집을 내서 절반으로 갈랐다. 간을 하기 위한 것이 아니라 소라에 묻은 이물질을 제거하기 위해 소금 간을 한다. 아주 떨어지지 않게 해서 넓적하게 펴서 그냥 생으로 말렸다. 소라를 씻을 때는 소라의 끝에 붙은 꼭지는 떼어내지 않고 씻어야 한다. 그렇지 않으면 소라가 오그라들어 버린다. 꼭지는 씻은 뒤 칼집을 낼 때 떼어낸다. 소라는 볕에 말렸다. 날이 좋으면 이틀 정도만 삐득삐득 말리면 패랍이 완성된다. 너무 많이 말리면 딱딱하고 질겨서 먹기 어렵다. 소라를 생으로 말리는 것은 살이 단단해서 썩지 않기 때문이다. 말린 소라는 냉장 보관해 두고 먹는다.

지금이야 양식 때문에 흔한 것이 전복이지만 과거에는 보길도에서도 귀한 것이 전복이었다. 더구나 전복포는 아무나 먹을 수 있는 음식이 아니었다. 전복은 내장을 따로 떼어낸 뒤 소금 간질을 해서 이물질을 깨끗이 씻어낸다. 간질해 삶은 것들은 변질이 없다. 잘 씻은 전복을 미리 끓는 물에 데친다. 색이 노랗게 변할 때쯤 건져낸다. 약 5분 정도 익힌다. 전복은 볕에 말리면 안 된다. 그늘과 바람에 이틀 정도 말리면 전복포가 완성된다. 전복이나 소라 또한 홍합처럼 5개씩 꼬챙이에 끼워서 말리는데 이를 오가재비라 한다. 오가재비를 하는 별다른 이유는 없다. 5개씩 끼우는 것이 관리하기 쉬워서 생긴 저장 방법이다. 전복 오가재비 혹은 전복포는 최고의 술안주였지만 지역 유지들이나 주문해 먹던 음식이다. 아니면 귀한 손님 선물용으로 주문했다. 전복의 영양분이 한껏 농축된 전복포의 맛은 담백하면서도 고소하다. 술꾼들에게 최고의 술안주인 동시에 최상의 보약이다.

전복포

1 전복은 내장을 따로 떼어낸 뒤, 소금 간질을 해서 이물질을 깨끗이 씻어낸다.
2 잘 씻은 전복을 미리 끓는 물에 5분 정도 데친다. 색이 노랗게 변할 즈음 건진다.
3 햇볕이 안 드는 그늘에서 바람으로 이틀 정도 말리면 전복포가 완성된다.

22 생일도
배말구이

여신의 섬, 생일도

내륙과 달리 섬들의 수호신은 대체로 여신들이다. 세계의 섬들이 여신을 숭배하는 경우가 많다. 하와이 섬들의 수호신은 화산 분화구에 거처하는 펠레 여신이다. 바다의 거품에서 태어난 비너스는 서풍에 밀려 키프로스 섬으로 갔는데 거기서 계절의 여신들이 옷을 입혀주자 사랑과 미의 신이 됐고 마침내 키프로스 섬의 수호신이 되었다. 제주도는 설문대할망이란 여신이 창조했다. 통영 섬들의 창조신은 마구할매다. 진도 바다의 지배자는 영등할미 여신이고 부안 앞바다를 관장하는 신은 계양할미 여신이다.

완도의 섬인 생일도의 수호신 또한 여신이다. 생일도 여신의 이름은 마방할머니다. 마방할머니가 좌정해 계시는 생일도 서성리 당은 완도 일대에서도 영험하기로 이름 높았다. 생일도의 기독교 신자들도 당집 앞에 가면 가슴이 울렁거리고 할머니나 귀신이 나올 것 같은 느낌이 든다고 고백할 정도다.

그래서 생일도 사람들의 마방할머니에 대한 신앙심이 깊다. 생일도는 제주에서 육지로 말을 보낼 때 말의 기운 회복을 위해 잠시 쉬었다 가는 곳이었는데 이 말들을 지키던 이가 마방할머니였다고 전해진다. 마방은 마굿간의 방언이다. 하지만 나그네는 생일도의 마방이 운반 과정의 제주 말들에게 먹이를 공급해 주는 역할을 했을 가능성보다는, 생일도 자체가 국영목장이어서 마방이 존재했을 가능성이 더 크다고 생각한다. 조선시대 전기에는 전국 159개 국영목장에서 4만 필의 말들이 키워졌기 때문이다. 목장 터가 뚜렷이 남아 있는 인근의 거금도처럼 많은 섬들이 국영목장이었다. 생일도 또한 국영목장 중 하나였을 것이다. 생일도에도 선조 때 말 목장과 말을 감독하는 관리가 거주했다는 이야기가 전해지는 것이 이를 뒷받침한다. 그렇다면 마방할머니는 생일도가 말 목장이었을 때부터 생일도와 말들의 수호신이었을 터다. 그 마방할머니가 수백 년이 흐른 지금까지도 생일도의 수호신이다.

서성리 당집에는 수많은 영험담이 전해진다. 그래서 여전히 주민들은 당숲의 나무에 손을 대는 것조차 두려워한다. 썩거나 부러진 나무들일지라도 손을 못 댄다. 그래서 정월 여드렛날 당제를 지낼 때 전부 모아서 한꺼번에 태운다. 당집은 늘 잠겨 있다가 당제 때만 문을 연다. 당집 안에는 철마가 신체로 모셔져 있다. 철마는 신이 아니라 당집의 주신인 마방할머니가 타고 다니는 말이다. 과거 당집은 자주 개축을 해야 했다. 당 주변에 나무가 우거지다보니 습해서 금방 썩어버렸던 까닭이다. 새로 짓는 당집은 온 마을 사람들이 합심해서 단 하루 만에 지어야 했다. 그러던 당집이 40년 전 시멘트 집으로 개축된 뒤에는 지금까지 유지되고 있다.

대부분의 섬들은 당제가 사라졌거나 당의 영향력이 축소되어 형식적으로만 당제를 지내는 경우가 많은데 서성리 당제는 여전히 정성껏 모셔지고 있다. 그것이 모두 당의 주신인 마방할머니의 영험함과 마방할머니에 대한 생일도 주민들의 믿음이 큰 까닭이다. 우리나라에서 지금까지 토착신앙이 이처럼 잘 전승되는 경우는 극히 드물다. 그만큼 전통문화로서 가치가 큰 것이다. 더구나 섬의 수호신이 여신이라는 점은 그 역사적 의미가 더욱 크다.

생일도는 당집과 마방할머니 이야기 외에도 섬 곳곳이 신화와 전설의 무대다. 금덩이가 나왔었다는 이야기가 전해지는 생일도 금곡리의 뒷산에는 예언의 샘이 있다. 지금은 약수터라 부르지만 신비로운 이야기가 전해진다. 옛날 옛적 어느 해 이 샘 앞에 산신령이 나타나 이 물이 세 번 마르면 세상이 멸망할 것이라고 예언했었다. 그런데 샘은 일본제국주의가 조선을 강제로 병합시켰던 경술국치 때와 6. 25 한국전쟁 때 딱 두 번 말랐다고 한다. 그러니 이제 한 번만 더 이 샘이 마르게 되면 세상은 멸망하고 말 것이다! 그것이 언제일까. 세상의 미래는 이 샘물에 달려 있다. 지구의 미래가 궁금한 사람은 꼭 이 샘으로 가봐야 할 것이다!

그뿐인가! 금곡리에는 무려 하느님이라고 불리던 분까지 살았다 한다. 이건 전설이 아니라 실화다. 생일도 사람들은 초계 최씨의 6대조 할아버지라는 분을 생일도의 하느님 할아버지로 부르고 우러렀다 한다. 무슨 사이비 종교 교주도 아닌데 실존 인물이 하느님이란 이름으로 불렸다는 것은 그분이 얼마나 대단한 어른이었는지를 알려준다. 하느님 할아버지는 눈이 크고 눈썹이 흰, 생일도 최고의 장사였다는데 이분 앞에서는 다들 벌벌 떨었다. 마을의 분쟁들도 이분이 재판을 하면 다들 따랐다. 이런 동화 같은 이야기가 어디 또 있을까?

게다가 금곡리 용난골에는 몸이 아픈 환자들을 낫게 해주는 치유의 샘까지 있다. 겨울에는 따뜻하고 여름에는 시원한데 물맛도 좋다. 이 물을 먹고 나병 환자가 치유됐다는 이야기까지 전해지는 것을 보면 진정 약수임이 분명하다.

여신의 신전과 함께 생일도에서 꼭 가봐야 할 곳은 백운산(482m)이다. 백운산은 해발 0m에서 시작되니 섬의 산치고는 아주 높은 편이다. 하지만 백운산 트레킹 길은 가파르지 않고 완만해 쉬엄쉬엄 걷다 보면 정상이 금방이다. 백운산 능선에 서면 다도해의 섬들, 가깝게는 고금도, 약산도, 신지도, 완도, 금일도부터 멀리 소안도, 청산도, 보길도, 대모도, 소모도, 횡간도 같은 완도의 섬들이 사방으로 펼쳐진다. 그야말로 황홀경이다. 힐링이 대세인 시대. 지방자치단체들은 힐링을 관광상품화 하기 위해 예산을 들여 자꾸 인공적인 무언가를 만들려 한다. 그러나 대자연의 품에 안겨 바라보는 장엄한 풍경보다 더 좋은 힐링 상품은 없다. 섬은 그 자체로 힐링 공간이다.

백운산이나 당숲 말고도 생일도에는 잘 보존된 빼어난 숲이 많다. 굴전리에는 구실잣밤나무 군락지가 50만m²나 남아 있고 금곡리의 동백나무 숲도 15만m²나 된다. 이 동백 숲으로 인해 생일도의 겨울은 그야말로 동백의 화원이다. 금곡리에서 용출리까지 3.7km의 옛길인 금머리 갯길은 내내 바다를 보며 걸을 수 있는 황홀한 길인데 여기에도 자생 구지뽕나무 군락지가 보존돼 있다. 숲과 바다가 완벽하게 조화를 이룬 생일도는 더 보태지 않아도 남도의 최고 보물 섬이다.

2019년 현재 390여 세대 700여 명의 주민이 사는 생일도(生日島)는 완도군 생일면의 중심 섬이다. 개발의 바람에서 비교적 비켜 있었던 덕에 섬의 자연환경은 거의 원형에 가깝게 보존되어 그 생태적 가치가 크다. 전복과 다시마 등의 양식업이 주된 소득원이기는 하지만, 바다뿐만 아니라 산에서도 먹거리가 많다. 그중 단연 최고의 맛은 잣밤나무 열매다. 잣밤은 밤과 잣의 중간 정도 맛인데 한때 항암에 특효라 해서 약용으로도 많이 팔렸다. 하지만 옛날 섬에서는 아주 좋은 간식거리였다. 잣이나 밤처럼 밥에 넣어서 잣밤밥을 해먹기도 했

<생일도 배말(삿갓조개)밥>   <생일도 배말(삿갓조개)탕국>

<생일도 다랑어찜>   <생일도 해삼볶음>

다. 도로공사 와중에 중간이 잘려나가기는 했지만, 아직도 굴전리나 용출리 등에는 50ha가 넘는 구실 잣밤나무 군락지가 남아 있다.

산에서 나는 또 하나의 특산물은 볼개나무 열매다. 볼개나무는 실제 보리수가 아니라 보리장나무지만 흔히 보리수라 불린다. 열매 는 완도 지방에서 볼개, 뻘뚝 등 다양한 이름으로 불린다. 예부터 생 일도에는 볼개나무가 많았다. 그래서 과일이 귀하던 시절에는 볼개 를 따다 금일도에 가서 팔아 생필품을 사올 정도였다. 예전에 신지 도 동고리 처녀들이 생일도 금곡리로 볼개를 따러왔는데 금곡 총각들이 도와주다가 정분이 나기도 했었다. 처녀들은 주전자를 들고 땄는데 볼개를 주전자에 넣으면서 두 손이 맞닿아 전기가 통했다 한다. 그렇게 신지도 처녀와 생일도 총각들 간에 연애가 이루어졌고 7-8쌍은 결혼까지 했다 하니 그야말로 보리수 사랑이다.

토속신이 지배하는 섬답게 생일도는 다양한 토속음식들이 전승되는 맛의 왕국이기도 하다. 잣밤밥, 가포래밥, 톳밥, 가사리범벅, 굴참몰국, 파래김치, 파래냉국, 파래된장국, 진달래문지(화전) 등의 토속음식이 전해지고 한갈쿠(엉겅퀴)나, 아주까리 뿌리, 금강초 등으로 만든 다양한 토속 막걸리들도 전승되고 있다. 갯바위에 붙어사는 해물들도 자주 상에 오른다. 국과 스프의 중간쯤 되는 해물탕국은 주로 잔치나 제사상에 오르던 것들인데 외국의 어떤 해산물 요리에도 뒤지지 않을 빼어난 맛이다. 배말(삿갓조개)국은 입에 착착 감기고 거북손국은 게살수프보다 달콤하다. 다른 해산물 요리들도 자못 개미지다.(깊은 맛이 있다) 군소무침은 쫄깃하고 해삼을 데쳐서 만든 해삼무침은 질기지 않고 입에서 살살 녹는다.

생일도 양식 어민들은 지상 최고의 사육사다. 호랑이나 사자는 물론 고래 따위도 시시해서 사육하지 않는다. 어민들은 바다 그 자체를 사육한다. 어민들은 그 사나운 바다를 길들이는 데 성공했다. 어민들의 밧줄에 꽁꽁 묶여 꼼짝을 못하는 바다. 유순해진 바다는 다시마며 미역, 톳, 전복 같은 해산물을 키워 준다. 그래서 내해와 외해의 경계에 자리한 생일도 해산물들은 양식이지만 자연산 못지

〈생일도 거북손탕국〉 〈생일도 군봇무침〉

〈생일도 군소무침〉 〈생일도 다시마와 농어전〉

않다. 생일도 다시마는 눈이 시리도록 투명한데 그 빛깔은 첫사랑의 속살만큼이나 유혹적이다. 큼직하게 썰어낸 생일도 전복은 보는 것만으로도 이미 최고의 맛을 인증한다.

생일도 특산 다시마와 표고, 굵은 참멸치로 우려낸 국물이 일품인 가사리된장국은 3년 쌓인 술독까지 깨끗이 씻어내 준다. 이토록 다양한 맛의 왕국인 생일도 음식 중에서 단연 압권은 배말구이다. 전복구이보다 고소하고 달고 쫀득하다. 보기만 해도 군침이 도는데 무슨 수사가 더 필요하랴.

 배말구이

1 갯바위에서 채취해 온 배말을 깨끗이 씻어 물기를 뺀다.
2 프라이팬에 올리브유를 넣고 볶아내듯 구워 낸다.
3 배말구이와 함께 생일도의 다양한 해산물을 담은 밥상을 한상 차려 낸다.

23 소안도
마른복찜

남해의 모스크바, 소안도의 독립운동가 음식

떠난다 떠나간다 나는 가노라

세월의 꽃동무를 남겨 두고서

쌍죽에 맺은 마음 굳고 깊건만

때분을 못이겨서 나는 가노라

만남도 뜻 있으니 믿음도 큰데

마음속에 맺은 정을 풀기도 전에

이별로 애를 끊는 이 웬일인가

눈물이 앞을 가려 말 못 하겠네

<필자에게 마른복찜 요리법을 구술중인 소안도 할머니들>

소안도 미라리 마을 경로당에서 만난 박대림 할머니가 부르는 노래를 듣는다. 일제강점기인 열 살 무렵 어머니가 이불 속에 숨어서 몰래 부르던 노래를 할머니는 아직도 생생히 기억하고 따라 부른다. 어머니는 물레를 돌리면서도 이 노래를 흥얼거렸다. 사립 소안학교 교사로 일하던 이시완 선생이 만들었던 노래인 이별가. 이시완 선생은 본래 동아일보 지방부장이었는데 들어보지도 못한 섬 소안도 관련 기사가 신문에 자주 등장하는 것을 보고 직접 소안도까지 찾아갔다가 독립운동 열기에 감동을 받아 기자를 그만두고 사립 소안학교 교사가 됐던 이다. 하지만 일제에 의해 소안학교가 강제 폐

쇄당하자, 소안도를 떠나 독립운동을 하러 만주로 가면서 이 노래를 지었다고 전한다. 소안도 노인들은 〈이별가〉 말고도 아직도 〈옥중가〉, 〈행진가〉, 〈인터내셜가〉 등을 기억하고 부른다.

항일의 섬. 남해의 모스크바라 불렸던 섬. 소안도는 일제강점기 항일독립운동의 메카였다. 소안항에 내리면 섬의 역사를 알리는 비석이 가장 먼저 눈길을 끈다. 〈항일 성지 소안도〉 비석에서는 어떤 긍지 같은 것이 느껴진다. 1920년대에는 소안도 주민 6,000여 명 중 800명 이상이 불령선인(不逞鮮人)으로 일제의 감시와 통제를 받았었다. 건국훈장 수상자 20명을 포함, 공인된 독립운동가만 89명을 배출한 섬이다. 소안도 항일독립운동의 뿌리는 갑오년(1894년)의 동학혁명에 젖줄을 대고 있다. 동학혁명이 일어나자 동학접주 나성대 장군이 동학군을 이끌고 소안도로 들어와 군사훈련을 시켰는데 이때 소안도 출신 이준화, 이순보, 이강락 등이 동학군에 합류했고 소안도 주민들은 동학군의 식량을 조달했다. 동학혁명 실패 후에도 살아남은 이준화 등은 의병을 조직해 소안도 인근 자지도(당사도)의 일본인 간수들을 처단하기도 했다.

이후 소안도의 항일운동은 송내호, 김경천, 정남국 등에 의해 주도됐는데 이들이 조직한 수의위친계, 배달청년회, 소안노농대성회, 마르크스주의 사상단체 살자회, 일심단 등의 항일운동 단체 중 일부는 소안도와 완도를 넘어 전국으로 퍼져나갔다. 후일 송내호는 서울청년회와 조선민흥회, 신간회 등의 중심인물로 활동했고 정남국은

<소안도 항일독립운동 기념탑>

일본으로 건너가 재일조선인노동총동맹 위원장을 지냈다.

　동학의 영향과 함께 소안도 항일운동의 또 한 기반은 '중화학원'
과 '사립 소안학교'였다. 중화학원은 1913년 송내호, 김경천 등이 설
립했는데 사립 소안학교의 모태가 됐다. 소안도 주민들은 1905년
부터 궁납전(宮納田)이던 소안도의 토지를 강탈해 사유화한 사도세
자의 5세손 친일 매국노 이기용 자작으로부터 토지를 되찾기 위해
13년 동안이나 법정 투쟁을 벌였다. 1922년 2월, 토지를 되찾은 소
안도 사람들은 성금 1만 400원(현 화폐가치로 1억 원 상당)을 모아 사립
소안학교를 세웠다. 당시 소안학교는 인근의 노화, 청산은 물론이고

해남, 제주도에서까지 유학생이 몰려올 정도로 성황을 이루었다.

1924년, 2차 소안노농대성회 사건을 시작으로 많은 소안도 사람들이 일제 경찰에 체포되어 감옥을 제집처럼 드나들었다. 1920-1930년, 소안도 관련 신문기사만 200건이 넘고 등장인물은 수백 명에 달한다. 주민들은 일제의 경찰에 말을 하지 않는 '불언 동맹'이나 일장기 걸지 않기, 일본 국경일 행사 거부 등으로 일제의 폭압에 맞섰다. 또 각종 행사 때 일본 경찰의 입회를 허락하지 않았다. 일제는 결국 1927년 소안학교를 폐쇄해 버렸다. 감옥에 가는 주민들이 생기면 소안도에 남은 사람들도 감옥 간 주민과 고통을 함께 하기 위해 한겨울에도 불을 때지 않고 지냈다. 참으로 의리가 깊은 섬이었다.

일제강점기 해방 후 가장 극심한 피해를 본 섬도 소안도였다. 한국전쟁 전후 완도 지역에서만 1000여 명의 양민들이 대한민국 군경에게 학살당했는데 이중 250여 명이 소안도 사람들이었다. 일제강점기에 사회주의 계열 독립운동을 했던 것이 원인이었다. 그러한 이유로 소안도 항일운동의 역사는 오랫동안 잊혀졌고, 소안도 사람들은 숨죽이고 살아야 했었다. 그토록 자랑스러운 독립운동의 역사가 있었지만, 한마디도 꺼낼 수 없었다. 해방 후에도 오랜 세월 소안도는 유폐된 땅일 수밖에 없었다. 친일파가 득세한 나라의 비극이었다. 송내호 선생은 1963년 독립유공자로 추서되었지만 소안도 항일운동은 1990년 소안도에 항일독립운동 기념탑이 세워지면서 비로소 복권됐다. 광복 60년이 넘어서야 독립운동 기념관도 들어섰다.

'도명소안민불안 산명가학학불래(島名所安民不安 山名駕鶴鶴不來)'
는 '섬 이름은 편안한 곳이지만 백성은 편안치 않고, 산 이름은 학이
모이는 곳이지만 학은 오지 않네'라는 뜻이다. 가학산(駕鶴山)은 소
안도(所安島)의 주산이다. 일제강점기 소안도 사람들이 읊조렸다는
시구다. 이 시처럼 소안도는 오랫동안 이름과 달리 편안하지 못했다.
항일운동의 역사가 복권되면서부터 소안도는 비로소 그 이름의 뜻
을 되찾아 가고 있다.

다도해 해상국립공원에 속하는 소안도의 미라리 상록수림(천연기
념물 339호)과 맹선리 상록수림(천연기념물 340호)은 드물게 잘 보존된
섬의 숲이다. 또 미라리와 과목, 소강나루, 진산리, 부상리 해변 등의
해변은 난개발을 피해 태고의 아름다움을 간직하고 있다. 그래도 소
안도 경관 중 압권은 가학산 정상에서 마주하는 다도해 풍경이다.

가학리에서 미라리로 가는 길가인 '운동장 쉼터·약수터'가 등
산로 입구인데 정상까지는 제법 가파르다. 그다음부터는 아름다운
숲과 평탄한 길이 이어진다. 그래도 가학산은 1시간이면 충분히 오
를 수 있고 풍경은 수고로움을 백배쯤 보상해주고도 남는다. 가학
산은 다도해 섬들을 조망하기 가장 좋은 뷰포인트다. 가학산에서
는 제주도, 보길도, 추자도, 청산도 같은 섬들을 일시에 다 조망할
수 있다. 맑은 날이면 보이는 제주의 한라산은 늘 아랫부분이 구
름에 싸여있다. 마치 하늘에 떠 있는 산 같다. 제주가 신선들이 산

<소안도 독립운동가 기념상>

다는 상상의 공간인 영주라 불렸는지 짐작케 하는 풍경이다. 항일
독립운동 기념관에서 30분 거리의 송내호 선생 묘지까지 가는 해
변길도 평화롭고 아름답다.

또 하나 소안도의 보물은 대봉산 둘레길이다. 원시림의 숲과 과
거 산전을 일구던 시절, 유물인 숲속 돌담은 시간여행을 떠나온 듯
한 착각을 불러일으킨다. 아직은 거의 알려지지 않은 소안도 최고의
트레일이다. 근래 전라남도의 '가고 싶은 섬' 가꾸기 사업의 일환으
로 둘레길이 복원됐다. 기계를 들이지 않고 사람의 손만으로 완성돼
옛길의 모습이 그대로 잘 남아있다.

일제강점기 소안도에는 감옥 갔다온 사람들이 많다 보니 옥살이를 하고 나온 이들을 위한 보양식도 발달했었다. 독립운동가들이 출옥해서 소안도로 돌아오면 어혈을 풀어주고 구타와 고문을 당해 생긴 장독을 빼주고 또 몸보신을 시켜주기 위해 다양한 민간 처방들이 행해졌다. 생지황으로 막걸리를 담가 먹이면 어혈이 풀렸다. 개머루 뿌리를 찧어서 고문으로 멍든 데 붙이면 푸른 물이 겉으로 다 빠져나왔다. 잎이 지네발 모양으로 생긴 지네초라는 약초도 특효약이었다. 순사들에게 매맞은 상처에도 지네초를 달여 먹이거나 생으로 짜서 먹이면 효과가 금방 나타났다. 부러진 뼈도 금방 붙을 정도였다. 기력 회복을 위해서 보신탕이나 개소주를 먹이는 것은 기본이고 해산물로도 다양한 보양식을 만들어 먹었다.

대물 붕장어와 맥문동, 삽추(창출), 한갈쿠, 우슬 등 한약 달인 물을 넣고 죽을 끓여서 먹이기도 했다. 전복도 옥살이로 축이 난 몸을 회복시키는데 큰 보약이었다.

전복은 달여서 먹였다. 지금처럼 전복이 흔하지 않을 때라 전복은 금덩어리였다. 귀하디 귀한 자연산 전복을 옹기그릇에 넣고 물을 부은 뒤 찹쌀을 한 줌 넣고 뚜껑을 닫았다. 그리고 옹기를 진흙에 파묻은 뒤 그 위에다 불을 땠다. 그렇게 푹 고아낸 전복을 먹으면 몸의 회복이 빨랐다. 인삼이 있으면 인삼도 넣고 달였다. 그야말로 음식이 약이었다.

복쟁이(복어) 요리도 옥살이한 이들의 보양식이었다. 복어잡이 미끼로 주로 보찰(거북손)을 이용했다. 독을 잘 제거한 복어에 찹쌀을 넣고 끓인 복어곰국은 기력회복에 그만이었다. 주낙으로 잡아온 참복을 잘 말려서 찐 것도 입맛을 회복시켜 주는데 특효였다. 보양으로도 좋았고 맛으로도 따라올 음식이 없었다. 지금은 거의 잊혀진 음식이지만 재현해 낸다면 이보다 좋은 요리는 없을 것이다.

 마른복찜

1 복쟁이(복어)의 내장을 제거하고 흐르는 물에 담가 핏물을 깨끗이 빼고 독을 없앤 뒤 잘 말린다.
2 마른 복어 사이에 된장, 고추장, 깨소금을 넣은 양념을 바른 뒤 갈라진 배를 덮고 몸통을 볏짚으로 묶는다.
3 떡시루에 넣고 2시간 남짓 불을 때서 떡을 찌듯 찐다.
4 잘 쪄진 복어 위에 참기름을 바른다.

24 완도
전어덮밥

흔한 생선의 아주 특별한 레시피

누구에게나 숨겨두고 싶은 맛집이 한둘은 있을 것이다. 나에게도 그런 집들이 더러 있다. 완도의 이 식당 또한 그중 하나였다. 단골들만 아는 이곳은 완도 최고의 토속음식점으로 꼽아도 손색이 없었다. 모든 음식이 살아 있었다. 미리 예약을 해야만 식사할 수 있는 철저한 예약제 식당이었다. 나물이며 국이며 탕이며 무침이며 모든 음식을 즉석에서 조리해 냈다. 밥도 손님이 올 때를 맞춰서 새로 했다. 이미 만들어 놓은 음식은 맛이 떨어진다는 주인의 철학 때문이었다. 그래서 끓여놨던 식은 국을 데워 주는 법이 없었다. 집밥보다 더 정성스러운 식당이었다.

그렇다고 무슨 고급 한정식집이 아니었다. 변변한 간판조차 없는

〈국물보다 매생이가 더 많은 진짜배기 완도 매생잇국〉

허름한 식당이었다. 백반과 회덮밥이 전문. 가끔 겨울에 완도를 갔다가 미리 백반을 예약하고 찾아갔다. 혼자라고 소홀히 대접하는 법도 없었다. 1만 원짜리 백반은 냄비에 바로 끓인 볼락매운탕과 매생잇국이 함께 나왔다. 굴을 넣고 끓인 매생잇국에는 수저가 잘 들어가지 않을 정도로 매생이가 많았다. 도시 식당에서 파는 매생잇국들은 대체로 흥건한 국물에 매생이가 둥둥 떠다니는 형국인데 이매생잇국은 물이 비집고 들어갈 틈도 없이 빽빽했다. 진짜 매생잇국이었다. 완도 섬사람들은 홍어보다 윗길로 치는 간재미회무침에 굴젓, 바로 무친 톳나물도 백반 상에 올랐다. 혼자서 식당을 운영하는 여주인은 일이 많아지면 힘들다고 유명해지는 것을 싫어했다. 나 또한 이 집이 번잡해져서 맛을 잃게 되기를 원하지 않아 꽁꽁 숨겨두고 있었다. 그런데 이 보물 같은 식당이 문을 닫았다. 여주인이 무릎수술을 한 뒤 일이 버거워 문을 닫기로 한 것이다. 하긴 애초부터 돈을 벌겠다고 시작했던 식당이 아니었으니 여주인은 한 치의 미련도 없었다. 손님들에겐 너무도 아쉬운 일이다. 그 요리법만이라도 전승될 수 있기를 바랄 뿐이다.

식당을 하던 시절 이 집의 대표 메뉴는 전어회덮밥이었다. 그 흔한 전어회덮밥이 뭐 별거 있겠느냐 싶겠지만 진짜 별거 있는 전어회덮밥이었다. 전무후무할 것이라 단언할 만하다. 모든 회덮밥의 맛을 비슷하게 만들어버리는 초장을 사용하지 않는다는 점부터가 맘에 들었다. 게다가 조금만 잘못 손질해도 비린 맛을 피하기 어려운 것이 전어 같은 등 푸른 생선인데, 회덮밥에 오른 전어는 털끝만큼도 비린내가 없었다. 나는 이 집의 전어회덮밥을 맛본 뒤에는 어디를 가든 회덮밥은 더더욱 입에도 대지 않게 됐다. 세포가 기억하는 최고의 회덮밥이 고급스런 생선이 아닌 흔한 전어회로 만든 덮밥이라는 것은 주인의 솜씨를 빼놓고는 설명될 수 없다. 조리법은 신비에 가깝다.

주인은 완도 망석리가 고향이다. 망석리 앞바다에서는 전어가 유난히 많이 잡혔었다. 시집을 간 뒤 고향에서 어린 시절 어머니가 해주던 전어 덮밥을 재현해서 사람들을 대접하곤 했었다. 다들 하나같이 너무 맛있다고 식당을 차리라고 부추겼다. 주위의 부추김에 결국 식당을 차렸던 거다. 전어는 살아 있는 것을 바로 썰어서 먹어야 최고의 맛을 낸다. 늘 싱싱한 재료 조달이 문제지만 전어회덮밥만을 전문으로 한다는 것이 알려지자, 따로 전어를 구하러 다닐 필요가 없었다. 전어가 잡히면 생선장수들이 뱃전으로 달려가 전어를 받은 뒤 다라이에 이고 와서 식당에 팔고 갔기 때문이다. 그러니 한 번도 재료 걱정해본 적이 없었다. 혹여나 싱싱한 전어가 안 나면 전어회덮밥을 내지 않으면 그만. 다들 단골들이니 그걸 타박하는 이들도 없었다.

전어 맛의 비법은 손질에 달려 있다. 팔딱이는 전어는 배를 가르고 깨끗이 손질해 씻은 뒤 물기 하나 없이 잘 빠지도록 해둔다. 물기가 쭉 빠져 꼬들꼬들하고 뽀득뽀득해진 통전어를 밥상 차릴 때쯤 잘게 썬다. 일단 썬 전어는 바로 먹어야 맛이 유지된다. 거기에 특별히 만들어둔 소스를 넣고 야채를 곁들여 무친다. 소스는 너무 물러도 안 되고 너무 '깡깡해도' 안 된다. '눅눅할 정도'가 적당하다.

양파는 물이 나오니 무침에 안 넣는다. 물이 생기면 '질질해서' 맛이 없다. 무채도 썰어서 물기를 쫙 빼고 버무릴 때 넣으니 물기가 생기지 않는다. 전어와 채소들을 넣고 소스를 넣어 버무린 전어회무침을 접시에 담아내면 전어회덮밥의 재료가 완성된다. 뜨거운 밥에 회무침을 넣고 비벼먹으면 된다. 거짓말처럼 비린 맛이 전혀 없고 고소하고 달기 이를 데 없다.

모든 생선이 지역마다 다르고 지역에서도 맛있는 시기가 제각각이다. 완도 지방에서 나는 전어는 겨울에는 '안 맛납다'고 한다. 다른 물고기들은 대체로 겨울이 맛있지만, 전어는 아니다. 겨울에는 '알을 실어버려갖고 야울디 야우기' 때문이다.

"알 실어버리면 아무리 양념을 해도 맛없어."

전어는 9-10월 찬바람 나기 시작하면 알이 꽉 찬다. 이때는 '저 맛이 저 몸에 한나 찼다', 즉 알배기 가을 전어가 최고란 말씀이다. 무엇이든 제철재료로 만든 음식이 최고다. 전어 또한 다르지 않다. 가을 전어 내장으로 만든 전어창젓도 별미다.

 전어덮밥

1 팔딱이는 전어의 배를 가르고 깨끗이 손질해 씻은 뒤, 물기가 잘 빠지도록 둔다.

2 물엿에 설탕 약간과 고춧가루를 넣은 뒤, 물을 눅눅하다 싶을 정도로 넣고 소금 간을 해서 끓여서 소스를 만든다. 농도를 맞추는 것이 기술이다. 소스는 식혀서 보관해 두고 사용한다.

3 물기가 쭉 빠져 꼬들꼬들해진 통전어를 밥상 차릴 때쯤 잘게 썬다. 일단 썬 전어 는 바로 먹어야 맛이 유지된다.

4 썬 전어에 다진 마늘, 다진 생강, 쪽파, 물기를 뺀 무채 등의 채소와 소스를 넣어 무친다. 여기에 참기름을 더한다.

5 뜨거운 밥에 위의 회무침과 나물들을 넣어 비벼 먹는다.

속절없이 그리운 날에도

섬으로 갔다.

오갈 데 없는 날에도 섬으로 갔다.

해 다 저문 저녁에도 섬으로 갔다.

술이 덜 깨 숙취에 시달리던 날에도

섬으로 갔다.

25 나로도
대삼치회와 대삼치구이
우리가 알던 삼치는 삼치가 아니었다

도시에서 먹는 삼치구이는 어째서 그리 심심할까. 그건 삼치가 아니기 때문이다. 지금껏 우리가 삼치라 알고 먹었던 고등어 크기의 생선은 사실 삼치가 아니다. 삼치새끼다. 삼치는 본래 몸길이 1.5m, 무게 15kg까지 나가는 대형 어종이다. 새끼나 어미나 그게 그거라고? 천만에! 병아리로 어디 통닭 맛을 낼 수 있는가. 그래서 부르는 이름도 다르다. 삼치새끼는 '고시'라고 한다. 민어와 통치, 농어와 껄떡, 도미와 상사리처럼 많은 종류의 생선들이 크기에 따라 이름을 달리한다. 이름의 차이만큼이나 맛의 차이도 확연하기 때문이다. 심지어 전혀 다른 생선처럼 느껴질 정도다.

섬이나 해안 지역에서 고시는 삼치 대접을 못 받는다. 도시 사람들은 삼치가 원래 살이 좀 단단하고 담백한 생선이라고 생각한다. 기름진 맛을 싫어하는 이들은 그래서 좋아한다. 하지만 진짜 삼치는 게살처럼 부드러우면서도 기름지다. 낚시로 삼치를 잡는 어민들은 고시들을 그냥 다시 살려 보내기도 한다. 더 커서 오라고. 어민들은 최소 3kg는 돼야 삼치 대접을 하고 5kg는 넘어야 제맛이 난다고 여긴다.

삼치는 시속 100km까지 헤엄치는 바다의 폭주족이다. 그 놀라운 속도를 이용해 잡는 방법이 '마구리'라고도 부르는 끌낚시다. 어선 양쪽으로 긴 장대낚시에 가짜 미끼들을 달고 달리면, 정신없이 질주하던 삼치는 생선 모양의 가짜 미끼가 살아있는 물고기인 줄 알고 덥석 물어버린다. 소형 어선은 끌낚시로, 대형 선단은 유자망이나 정치망 등의 그물로 삼치를 잡는다. 그날 출어했다가 그날 귀어하기

〈삼치 끌낚시〉

때문에 끝낚시로 잡는 것이 더 싱싱하고 맛있다. 또 '당일 잡은 것이라야 살이 짱짱하니 단단'하다. 그물로 잡은 것은 스트레스 때문에 진이 빠지고 당일 들어오지도 못하여 선도가 떨어진다. 당연히 맛의 차이도 크다. 삼치는 무른살 생선이라 하루만 지나도 살이 더 물러진다. 당일 잡은 것은 피부가 새파랗고 눌러보면 탄력이 있다. 잡은 지 오래된 것은 피부색이 검다.

　가을부터 겨울, 삼치 철이면 남해바다는 긴 장대를 날개처럼 달고 바다를 누비는 삼치잡이 어선들로 장관을 이룬다. 수상 비행기가 달리는 것 같다. 전남의 섬과 해안 지역 사람들은 삼치회를 으뜸

으로 친다. 특히 완도, 여수, 고흥, 목포 등에서 더욱 대접받는 생선
이 삼치다. 같은 남해지만 경상도 쪽에서는 푸대접이다.

예부터 삼치잡이의 메카는 고흥 나로도였다. 지금도 삼치의 본고
장이다. 나로도는 조선시대 국영 말 목장이었다. 그래서 나라 섬이
라 하다가 나로도가 됐다고 전해진다. 섬사람들은 아직도 나라도라
부르기도 한다. 나로도는 하나가 아니다. 내나로도, 외나로도가 바
짝 붙어 있어서 두 섬을 통칭해 나로도라는 하나의 이름으로 부른
다. 외나로도에 있는 축정항은 요즘도 들고나는 어선들로 늘 분주하
다. 여수와 거문도 사이를 오가는 여객선들도 축정항을 기항지로 들
고 난다. 나로도에는 나로 우주센터가 있는데 나로 우주센터는 한국
이 자체 기술로 인공위성을 발사하기 위해 건설된 우주발사체 발사
기지다. 작은 어선들이 들고나는 한가로운 어촌 마을 부근에 최첨단
의 우주선 기지가 있다는 것은 왠지 어색해 보이지만 또 한편으로
는 잘 어울리는 풍경이기도 하다. 바닷속이나 우주나 인간에게는 여
전히 미지의 세계이기 때문이다. 그래서 나로도는 여행자들의 여수
(旅愁)를 한껏 자극하는 섬이다.

조선시대 서남해 바다에서 잡힌 거의 모든 수산물이 바다로 나
가는 관문인 축정항을 통해 일본으로 빠져나갔다 해도 과언이 아
니다. 축정항은 일제 강점기에는 수산물 수탈의 전초기지였다. 1923
년, 나로도 어업조합이 설립됐고 삼치 파시가 섰던 1970년대까지만

해도 전국의 돈이 다 몰린다고 할 정도로 대단한 위세를 떨쳤다. 하지만 나로도 또한 어업기술의 발달에 따른 대량남획으로 어장이 고갈되면서 몰락의 길을 걸었다.

〈나로도 삼치회〉

예전 같지는 않아도 삼치잡이 철이 시작되는 가을부터는 부산하기 이를 데 없다. 축정항 부근 횟집들은 일제히 삼치회를 주메뉴로 내놓는다. 삼치회는 참치처럼 얼렸다가 김에 싸서 먹기도 하지만 당일 잡은 생삼치 맛을 따라갈 수 없다. 부드럽고 고소하고 살살 녹는다. 구이 또한 고시가 아니다 보니, 한 토막이 한 접시가 될 정도의 큰 대삼치를 내놓는다. 아무리 기름진 고등어라도 제철 삼치 맛을 못 따라간다.

삼치는 찬바람이 불기 시작하는 11월부터 겨울 동안, 최고의 맛을 자랑한다. 가을, 겨울 제철 음식으로 대삼치회를 하는 식당은 여수, 목포, 완도, 나로도 등에 더러 있으나 보편적이지는 못하다. 신선도로 인해 남도 현지에 여행을 가야만 맛볼 수 있다. 냉동 삼치회가 아닌 생삼치회는 입에서 살살 녹는다. 냉동참치 같은 것은 결코 따라올 수 없는 맛이다.

대삼치회

1 선어이기에 횟감용 삼치는 잘 골라야 한다. 선어 선별 방법은 아가미가 빨간색일
  수록 싱싱하며 눈은 투명해야 하고, 손가락으로 살을 눌렀을 때 쑥 들어가지 않고
  튕겨 나와야 한다.
2 삼치는 무른 생선이라 회를 두텁게 뜬다.
3 소스는 간장 양념이 좋다. 간장, 다진 마늘과 다진 파, 고춧가루, 참기름을 넣어 만
  든다.
4 조미하지 않은 마른 김에 싸 먹기도 한다.

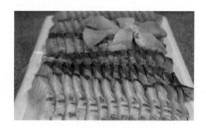

 대삼치구이

1 대삼치는 석쇠에 구워서 한 접시 가득 담아낸다.

26 연홍도
쏨뱅이무침

다금바리보다 찰진 쏨팽이 요리

섬은 지붕 없는 미술관이다. 섬 곳곳에 조개껍질과 부표, 로프, 폐목들을 활용한 정크아트 부조작품 등이 전시되어 사람들을 반긴다. 고흥군 연홍도. 연홍도는 한국 최초의 예술 섬이다. 건물 안이 아니라 섬마을 안길과 해변을 거닐며 예술작품들을 감상하는 느낌은 새롭다. 고흥반도 끝자락의 작은 섬, 연홍도가 한국 최초의 예술 섬으로 탄생한 것은 2017년 4월 8일이다.

연홍도는 면적 0.55km², 해안선 길이 4km에 불과할 정도로 작다. 한때 폐교를 활용한 섬마을 미술관으로 유명했지만, 볼라벤 태풍에 정원이 초토화돼 미술관은 오랫동안 휴관 중이었다. 그랬던 연홍도가 전라남도의 '가고 싶은 섬' 가꾸기 사업을 통해 지붕 없는 미술관

〈연홍도 항구의 소라 모양 조형물〉

으로 탈바꿈하며 다시 세상의 주목을 받게 된 것이다. 예술섬으로
재탄생한 뒤부터 섬은 여행자들이 끊이지 않는다.

한때 김 양식으로 명성을 떨치던 섬은 1970년대 후반까지만 해
도 135가구 1천여 명이 살았지만, 지금은 52가구 80여 명만이 남았
다.

연홍도의 원래 이름은 맛도(馬島)였다. 1914년 행정구역 통폐합
때 연홍도(蓮洪島)로 바뀌었다. 맛도 혹은 마도란 이름은 섬의 형상
이 말을 닮았다 해서 붙여진 이름이라 전한다. 연홍도와 주변 해역

에는 말머리, 말꼬리, 말풍경, 말붕알, 말먹이 등 말과 관련된 지명들이 많다. 하지만 지도로 본 연홍도의 형상은 말을 닮았다고 할 만한 데가 없다. 연홍도의 실제 형상은 ㄱ자형 꺽쇠 모양에 가깝다. 아마도 연홍도가 말과 연관된 이름이 많은 것은 조선시대 연홍도의 어미 섬인 거금도가 국영 말 목장이었기 때문이지 싶다. 연홍도 또한 말 목장의 일부였을 것이다. 군사들이 활쏘기 연습을 하던 사장터가 이를 뒷받침한다. 그러므로 말 관련 지명들은 그 시대에 만들어진 것이지 싶다.

연홍도 바다에는 특별한 어류가 살고 있다. 쫌팽이. 그래서 연홍도의 대표 음식은 쫌팽이 요리다. 쫌팽이는 도량이 좁아 좀스런 사람을 낮춰 부르는 말이기도 하다. 그러나 쫌팽이는 결코 좀스런 맛의 물고기가 아니다. 이름이 비슷해서 억울한 물고기다. 맛은 다금바리 못지않다. 연홍도에서는 쫌팽이라 부르지만 본명은 쏨뱅이다. 쏨

〈연홍도에서 가는 곳마다 볼 수 있는 미술작품〉　　　　〈지붕 없는 미술관, 연홍도〉

팽이, 삼뱅이, 삼배이, 쑤쑤감펭이 등 지역마다 부르는 이름도 제각각이다.

쏨뱅이는 맑은 물에 사는 물고기다. 중국, 타이완, 일본, 한국, 필리핀 등 서부 태평양 해역의 수심 10-100m의 암초 지대에 서식한다. 우리나라 바다에서는 서해 남부와 동해, 남해와 제주도의 암초 지대 자갈밭에 사는 록피쉬 계열의 조상종인데 최대 30cm까지밖에 크지 않는 소형 어종이다. 살이 단단하고 맛이 담백하다. 사철 나지만 겨울이 가장 맛있다. 우럭(조피볼락), 열기(불볼락), 볼락, 삼식이, 쑤기미, 물메기 등이 모두 쏨뱅이목에 속하는 어종들이다. 다들 머리와 뼈가 커서 탕으로 끓이면 국물 맛이 좋다. 주로 물살이 약한 조금 물때에 많이 잡힌다.

"쏨펭이는 물 맑은 돌밭에서만 살아요. 뻘에서는 안 살아. 그래서 비린내가 안나요."

40년 동안이나 남편과 함께 어선을 타고 나가 연홍도 앞바다에서 주낙으로 쏨뱅이를 잡아 온 이정림 할머니의 증언이다.

"그게 거 뭣이냐 제주에서 나는 다금바리랑 비슷혀. 막 잡아서 회 해 놓으면 반질반질해 하나도 안 비리고. 조구 깔치는 아무리 성싱한 것도 구운 뒤끝에는 비린내가 난디 쏨펭이는 구운 뒤끝에도 전혀 비린내가 안 나."

도시 사람들에게 택배로 보내 주면 아파트에서 구워 먹어도 냄새가 전혀 안 난다고 다들 좋아한단다.

연홍도 앞바다는 과거 황금어장이었다. 지금은 어장의 씨가 말랐다고 하지만, 쏨뱅이만큼은 꾸준히 난다. 그래서 쏨뱅이는 연홍도 사람들의 든든한 생활 밑천이고 소중한 반찬거리다. 연홍도 밥상에는 쏨뱅이 요리가 늘 빠지지 않는다. 쏨뱅이는 몸피가 작지만 뼈가 억세기로 유명하다. 잘못 먹고 목에 걸리기라도 하면 병원을 가야만 한다. 그래서일까. 연홍도 사람들은 통뼈가 많다. 힘센 장사가 많단 얘기다. 오죽하면 지명에도 쏨뱅이가 들어갈까. 섬의 서쪽 끝 해 넘어가는 길목인 해모가지 옆의 지명이 쫌바끝이다. '쫌팽이'가 많이 나오는 해역이라 붙여진 이름이다.

'순천서 인물 자랑하지 말고, 여수에서 돈 자랑하지 말고. 벌교에서 주먹 자랑하지 말고, 고흥서 힘자랑하지 마라'는 소리가 있다. 고흥은 그만큼 힘이 센 장사들이 많이 나왔던 고장이다. 레슬링 영웅 김일의 고향도 거금도다. 연홍도는 거금도의 새끼 섬이다. 그런데 한 시간이면 섬을 한 바퀴 돌 수 있을 만큼 작은 섬사람들이 고흥군

〈연홍도 생선구이〉　　　　〈연홍도 호박조개나물〉

체육대회마다 배구면 배구, 육상이면 육상, 씨름이면 씨름, 늘 1등을 독차지했다. 씨름대회마다 황소를 휩쓸어 왔었다. 그래서 고흥군 다른 지역 사람들은 연홍도 사람들이 '쫌팽이 먹고 뼈가 쎈께 다 이긴다'고 한다.

쫌뱅이는 살아있는 것은 회로 떠먹기도 하지만 주로 굽거나 탕을 끓여 먹는다. 그리고 대부분은 말려서 쪄먹거나 많은 탕으로 끓여 먹는다. 바짝 말리기도 하고 반 건조하기도 하는데 반 건조한 것이 식감이 더 찰지고 맛있다. 맑은 탕은 쌀뜨물에 쫌뱅이와 무, 마늘, 양파, 매운 고추를 넣고 푹 우러나게 끓인다. 간은 간장을 쓰지 않고 소금 간으로만 한다.

쫌뱅이뿐만 아니라 모든 생선이 해풍에 말린 것이라야 제맛이 난다. 연홍도에서는 쫌뱅이를 소금 간을 하지 않고 말린다. 살집이 두툼하거나 기름기가 많은 쫌뱅이뿐 아니라 장어, 문어, 갑오징어, 간재미 같은 생선들도 소금 간을 하지 않고 말린다. 소금 간을 하지 않고 민물에 씻어 말리면 훨씬 더 감칠맛이 난다. 연홍도에서는 소금 간을 않고 생선을 말리더라도 해풍에 날아온 소금기가 배어들어 자연스레 간이된다. 생선은 말리면 단백질의 일부가 감칠맛을 내는 아미노산으로 바뀌어 그 풍미가 더욱 깊어진다.

쫌뱅이 요리는 많은 지역에서 먹지만 연홍도만의 특별한 쫌뱅이 요리법이 몇 가지 있다. 그중 하나는 쫌뱅이 김치전. 쫌뱅이를 통째로 갈아서 김치와 섞은 뒤 전을 부치는데 그 고소한 맛이 일품이다. 하지만 연홍도 최고의 쏨뱅이 요리는 '쏨뱅이무침'이다. 갓 잡은 쏨뱅이가 있으면 좋지만 싱싱한 것을 급랭시켰다가 써도 맛에는 큰 차이가 없다. 냉동을 쓸 경우 해동 후 1시간이 넘으면 맛이 떨어진다.

쏨뱅이무침을 하려면 먼저 내장을 제거한 쏨뱅이를 깨끗이 씻어서 살은 포를 뜬다. 등과 배 부위의 최고로 억센 뼈는 잘라낸 뒤 머리와 뼈 전부를 아주 잘게 다진다. 거의 가루가 되도록 다져야 한다. 다진 뼈가 들어가는 것이 맛의 포인트다. 채소 중에서는 상추가 포인트다. 상추가 없으면 깻잎 같은 다른 채소를 넣어도 무방하지만, 채소는 꼭, 반드시 밥상머리에서 넣어야 한다. 그래야 채소의 아삭한 맛을 살릴 수 있다. 양념으로 버무려져 약간 숙성된 회무침과 싱싱한 채소의 조화가 회무침의 싱그러움을 더해 주는 비법이다. 참기름은 넣으면 안 된다. 식초와 참기름은 상극이기 때문이다.

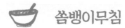

쏨뱅이무침

1 포를 뜬 싱싱한 쏨뱅이 살과 가루가 되도록 다진 쏨뱅이 뼈를 양푼에 담은 뒤 소
  금 간을 살짝 하고 막걸리식초를 넣어 조물거린 뒤, 나오는 물기는 따라버린다. 식
  초는 소독의 효과도 있다.
2 양념한 쏨뱅이 살과 뼈에 고춧가루를 뿌리고 집고추장을 넣은 뒤 참깨, 설탕, 소
  금을 비벼준다.
3 10분 정도 냉장고에 넣어 숙성시킨다. 그래야 고춧가루와 집고추장이 골고루 회
  에 배어 붉은빛의 윤기를 더한다.
4 숙성된 회에 다진 마늘과 풋고추, 상추 등을 넣고 무친다.
5 상추나 깻잎 같은 채소는 밥상이 다 차려진 다음 먹기 직전에 넣고 한번 무친다.
  그래야 채소의 식감이 살아 있다.

27 연홍도
청각오이냉국

더위를 물리치는 청각요리

청각은 연홍도의 대표적인 여름 해초다. 사슴뿔 모양으로 생겼다 해서 청각(靑角)이다. 일본에서는 미루(ミル)라 하는데 바닷속에 사는 소나무라는 뜻이다. 청각은 세계의 바다 곳곳에서 자라지만 주로 한국, 중국, 일본, 필리핀, 하와이 등지에서 식용으로 애용된다.

한국에서는 김치 사이에 넣어서 김치의 맛을 배가시키는 재료로 쓰인다. 『자산어보』에도 청각은 '감촉이 매끄러우며 빛깔은 검푸르고 맛은 담담하여 김치 맛을 돋운다'라고 기록돼 있으니 김치와 청각의 콜라보는 오랜 역사를 지니고 있다. 김치를 담글 때 생(生) 청각을 다져 넣으면 젓갈 비린내와 마늘 냄새를 중화시켜준다. 과거에는 민간의 치료제로도 사용됐다. 구충 성분이 있어 예전에는 회충약

<연홍도 청각김치>

으로 쓰였고 비뇨기 질환 및 수종 치료에도 쓰였다 한다. 강한 항생 작용을 한다고 알려진 아주 유익한 해초다.

청각은 섬에서는 김치의 재료뿐만 아니라 여름 더위를 식혀주는 계절음식의 재료로 사용된다. 연홍도에서도 여름 반찬으로 즐겨 먹는 해초들 중 하나다. 청각냉국이나 청각무침으로 조리된다. 청각냉국은 오이와 합을 이루는데 오이가 화기를 빼주고 열을 내려주는 효능이 있어서다. 청각과 오이 둘 다 더위를 이기는데 아주 좋은 식재료다.

여름날 무더위에 바다나 밭에서 일하고 들어와 청각오이냉국 한

〈비탈밭이라 경운기가 아니라, 여전히 소의 힘을 빌려야 농사를 지을 수 있는 연홍도〉

그릇 만들어 먹으면 없혔던 더위가 쑥 내려간다. 여름 더위에 이만한 청량제가 없다.

청각 요리법을 알려준 할머니는 연홍도 바로 앞의 거금도에서 시집왔다. 시집와서 거둔 식구가 열다섯이나 됐다. 남편과 함께 어선을 타고 나가 '고기 잡아 한잎 한잎 해서 모두 갈쳤다'고 한다. 지금은 조금 누그러졌지만, 남편은 성정이 불같았다. 그래서 꼭 다른 사람이 아니라 아내만 보조로 데리고 다녔다. 자신의 성화를 다 받아줄 사람은 아내뿐인 것을 남편도 잘 알았던 까닭이다. 남편은 낚싯배를 운영하는데 아직도 아내는 고양이 앞의 쥐다. 그래서 낚시 온 남자들이 다들 남편을 부러워한다며 웃는다. 이정림 할머니는 늘 우스갯소리를 달고 산다. 그것이 고된 삶을 즐겁게 살아낸 방편이었다.

"야망도, 잘난 체도 싫고 웃는 게 최고요."

자신이 먼저 실없는 소리를 해야 자리가 화목해지는 것을 안다. 아들이 의사지만 절대 자랑하지 않는다.

"돈 자랑, 자식 자랑하지 말아야 해요. 그게 분위기 깨는데 일등이거든."

그래서 늘 헛소리도 섞어가며 우스갯소리로 사람들을 편하게 해준다.

"명품 가방, 명품 옷보다 명품 웃음이 최고요."

그래서일까. 할머니 얼굴도 한없이 편안하다.

청각오이냉국

1 팔팔 끓는 물에 청각을 넣고 데치다가 색이 파랗게 변하면 건져 낸다.

2 민물에 몇 번이고 깨끗이 씻는다.

3 청각의 물기를 꽉 짜서 양푼에 넣고 거기에 채를 썬 오이와 마늘, 양파, 식초를 넣고 재료의 절반 정도 양의 물을 부은 뒤 소금으로 간을 한다.

4 오이는 가시오이나 노각이 아닌 재래종 푸른 오이가 좋다. 생 청각이 더 부드럽지만 마른 청각을 써도 된다.

고향을 떠났으니 나는 고향을 잃은
것인가, 돌아갈 고향을 얻은 것인가?
고향 섬을 나온 후에도 나는 뭍으로
가지 못하고 섬으로만 떠돈다.
섬을 떠났어도 떠난 것이 아니다.
고향을 떠났어도 떠난 것이 아니다.

28 개도
시금치꽃동회무침
하늘호수와 마녀목과 애기장수가 살던 전설의 섬

　티베트에만 하늘호수가 있는 것이 아니다. 백두산, 한라산 정상에만 하늘호수가 있는 것이 아니다. 여수의 작은 섬 개도에도 하늘호수가 있다! 개도 둘레길 봉화산 중턱에 서면 하늘호수가 보인다. 하지만 이 호수는 진짜가 아니다. 산으로 둘러싸인 작은 만이 보는 위치에 따라 호수처럼 보이게 만드는 것이다. 개도 하늘호수는 보이는 것이 다가 아니라는 진리를 깨닫게 해주는 섬의 선물이다.

　옛날 개도에서 있었던 이야기다. 김씨 성을 가진 가난한 농부의 부인이 영롱한 둥근 해가 입안으로 들어오는 태몽을 꾸고 사내아이를 낳았는데 겨드랑이에 조그마한 날개깃이 있었다. 아이가 돌쯤 되었을 때 부부가 밭에서 일하다 갑자기 비가 쏟아져 집에 돌아와 보

〈보이는 것이 실체가 아니라는 진리를 깨닫게 해 주는 풍경〉

니 마당에 널어놓았던 곡식이 처마 밑으로 옮겨져 있었다. 같은 일
이 반복되자 의심스러운 마음에 부부는 흐린 날, 곡식을 마당에 널
어놓고 숨어서 지켜보았다. 역시나 비가 내리자 아이가 걸어 나와
곡식과 멍석 등을 옮겨 놓고 방으로 들어갔다. 김씨 부부는 놀라움
과 두려움에 떨면서 아이가 하늘에서 내려온 아기장수라 여겼다.

　이 사실이 알려지면 역적으로 몰려 가족 모두가 몰살될 것이 분
명했다. 부부는 아이를 죽이기로 결심하고 아이를 배에 태워 먼 바
다로 나간 뒤 발목에다 큰 돌을 묶어 바다에 던졌다. 하지만 아이는
바다 위로 솟구쳐 나와 오른손으로 뱃전을 붙잡았다는데, 깜짝 놀

란 아비가 도끼로 아이의 오른 손목을 잘라 버렸다. 아이는 왼손으로 뱃전을 붙잡으면서 "오른손이 없는 장수가 무슨 뜻을 이룰 수 있겠는가?" 소리치며 물속으로 영영 들어가 버렸다. 그와 동시에 하늘에서 천둥번개가 치고 바다에선 폭풍우가 일면서 청룡 한 마리가 금오도 함구미 쪽으로 날아갔다. 마을 사람들이 용바위라 부르는 바위 위에는 죽은 아이의 영혼이 가지고 놀았다는 담뱃대와 숟가락, 젓가락을 놓았던 자국이 선명히 남아 있다고 전한다.

섬은 어찌 이토록 모진 전설들이 전해질까. 오랜 세월 섬들은 반역향이었다. 뭍에서 쫓겨나 이상향을 꿈꾸던 이들이 살던 섬, 어찌 반역의 꿈이 없었겠는가. 끔찍한 것은 그 꿈을 알고 밀고하거나 살육을 일삼은 이들이 대체로 가족이고 피붙이들이었다는 사실이다. 자기 자식도 죽이게 만드는 왕조의 잔혹한 이데올로기. 어찌 처연하지 않으랴.

개도에는 말과 소녀의 우정에 얽힌 아름답지만, 비극적인 이야기도 전해진다. 개도 화산마을에는 400년 고목, 정자나무가 있는데 느티나무다. 이 나무의 이름은 마녀목. 말과 소녀의 애틋한 사연이 깃든 나무라서 붙여진 이름이다. 조선시대의 섬들이 그랬듯 개도는 국영 말 목장이었다. 전설은 이렇다.

옛날 개도 목장의 말들은 자주 원인 모를 질병에 걸려 죽거나 잘 자라지 않았다. 그래서 말을 기르던 사육사들은 개도 천제봉 제단에 철마상과 목마상을 모시고 제를 드렸다. 병마로부터 말을 보호해 주고 무탈하게 잘 자라게 해달라고 간절히 기원했다. 이 말 사육사 중 하나인 이돌수에게 무남독녀 외딸 복녀가 있었다. 14살, 어린 복녀는 아버지를 도와 말들을 관리하고 제를 드리는 데도 정성을 다했다. 말들은 병들지 않고 잘 자라났다. 말 중에는 점박이백마 한 마리가 있었다. 이 말이 유독 복녀를 잘 따랐다.

그러던 어느 날 점박이백마가 바위에 부딪혀 앞다리를 다쳤다. 뼈에 금이 갔는지 절룩이며 풀도 먹지 않았다. 복녀 부녀의 근심이 컸다. 이돌수는 점박이백마의 다리가 차도를 보이지 않자, 감목관에게 보고하고 폐마하려 했다. 폐마란 말을 죽인다는 뜻이다. 복녀는 폐마를 반대하며 자신이 치료해 살리겠다고 울며불며 아비에게 애원했다. 아비는 다리가 생명인 말이 다리를 다쳤으니 나을 수 없다고 판단했다. 하지만 상관에게 보고하지 않았다. 문책을 당할 것이 염려스러웠지만 딸의 간청을 모질게 뿌리칠 수 없었다. 열흘간 말미를 주기로 했다.

복녀는 왕대나무의 속을 파, 부목을 만들어 점박이백마의 다리를 고정시킨 뒤, 잠도 안 자고 지극정성으로 돌봤다. 점박이백마는 3일이 지나자 풀을 먹기 시작하며 눈물을 흘렸다. 복녀에게 고마움을 표시한 것이다. 복녀는 점박이백마와 함께 자면서 약이 되는 풀을 먹였다. 1주일 후 부목을 풀었고 열흘이 되자 백마의 부상은 씻은 듯이 나았다. 점박이백마는 더욱 건강하고 활기차졌고 복녀는 백

〈생기 넘치지만, 목줄이 채워진 염소가 애처롭다〉

마의 목을 안고 울었다. 아비도 마냥 기뻤다. 점박이백마도 기뻐서 울었다. 그 후 백마는 더욱 복녀를 따르며 좋아했고 둘은 정이 깊어졌다.

한 달 후 장군이 탈 말을 고르기 위해 감목관이 개도로 왔다. 그런데 점박이백마와 진갈색 말이 뽑혔다. 이돌수와 복녀가 울며 간청해도 감목관은 매정하게 백마를 몰고 가 버렸다. 복녀는 식음을 전폐하고 울다 병이 났다. 병은 나날이 깊어져 갔다. 그렇게 다섯 달이 지났다. 복녀는 피골이 상접했다. 그러던 어느 날 복녀는 불현듯 무슨 생각이 들었던지 겨우 몸을 추스르고 목장의 마굿간으로 갔다.

〈개도로 가는 바닷길〉

그런데 거기 그토록 그리던 점박이백마가 안장을 찬 채 상처투성이로 서 있었다. 복녀 부녀는 백마를 끌어안고 울었다. 그런데 아비가 말 먹일 풀을 뜯으러 갔다 돌아와 보니 복녀와 백마 둘 다 죽어 있었다.

차출되어 갔던 백마는 진중을 탈출한 뒤 산 넘고 강과 들을 건너고 다시 바다를 헤엄쳐 개도까지 왔다. 그사이 상처가 나고 피로가 쌓여 목장에 돌아왔을 때는 죽기 일보직전이었다. 점박이백마와 복녀는 기쁨에 겨워 떨어질 줄 모르다가 끝내 부둥켜안고 지쳐 쓰러져 죽었던 것이다. 아비 이돌수는 마을 사람들과 함께 빈터에 점박이백마와 딸을 나란히 장사 지낸 뒤 느티나무 한 그루를 심었다. 그후 사람들은 이 느티나무를 마녀목이라 불렀다. 이 땅에 이토록 애절한 말 이야기는 없을 것이다. 그래서 더욱 소중한 이야기다.

마녀목과 함께 개도의 명물은 개도 주조장에서 생산되는 개도 막걸리다. 개도 막걸리는 섬에서보다 육지에서 더 큰 호응을 얻고 있다. 서울까지도 진출했다. 하지만 개도를 대표하는 토속음식은 알려진 것이 없었다. 그런데 답사길에 발견했다. 시금치꽃동회무침. 시금치 꽃동이 올라오는 3-4월에는 참숭어나 보리 숭어, 농어 등이 제철이다. 영양이 오를 대로 오른 봄 시금치 꽃동과 살이 올라 기름진 봄 숭어나 봄 농어의 어우러짐은 최고의 봄 음식이 되기에 부족함이 없다. 달달한 시금치 꽃동과 맛이 한창 오른 제철 생선회를 함께 맛볼 수 있는 요리. 이보다 더 낭만적이고 호사스런 봄 섬 음식이 또 있을까.

시금치꽃동회무침

1 생선은 포를 뜬다. 포를 뜬 생선은 시금치를 데칠 동안 설탕, 식초에 재워 둔다.
2 시금치 꽃대는 꽃이 핀 부분은 꽃을 잘라내고 꽃동만 쓴다. 피지 않은 것은 그대
  로 쓴다.
3 시금치 꽃동은 데친 뒤 물기를 꼭 짠다.
4 재워 두었던 생선회와 물기를 짠 시금치꽃동을 함지에 넣고 된장, 고추장, 마늘
  생강, 당근, 양파를 넣은 뒤 버무려 내면 완성.

29 거문도
한가쿠갈칫국

'포트 해밀턴'의 갈치 해장국

　포트 해밀턴(Port Hamilton)을 아는가? 영국이 부르던 여수 거문도의 옛 이름이다. 1885년 4월 15일, 영국 함대가 조선의 섬 거문도를 점령했다. 영국 함대는 1887년 2월까지 거문도에 주둔했으니 이른바 '거문도 사건'이다. 당시 조선 정부는 거문도가 점령당한 사실을 20여 일 동안이나 알아채지 못했을 정도로 섬에 무관심했고 국방에 무능했다. 거문도는 하나의 섬이 아니라 서로 인접한 동도, 서도, 고도 등 세 개의 섬을 묶어서 부르는 이름이다. 러시아의 남진 정책을 핑계로 거문도를 무단점령한 영국군은 주민들이 몇 안 살던 고도에 주둔지를 만들고 항만공사를 시작했다. 포트 해밀턴이란 이름은 당시 영국 해군성 차관이었던 해밀턴의 이름에서 따왔다. 거문

〈거문도 영국군 수병 묘지〉

도에 주둔하던 영국군은 이때 테니스장과 당구장 등의 시설도 만들
었다. 그래서 이 땅에서 당구와 테니스가 가장 먼저 시작된 곳이 바
로 거문도가 되었다.

영국군은 거문도 주둔 동안 섬 주민들과 우호적 관계를 맺은 것
으로 전해진다. 항만공사에도 정당한 노임을 지불했고, 각종 질병의
치료약도 제공했다 한다. 거문도 주민들이 영국군의 퇴거를 위해 협
상하러 왔던 조선 정부의 대표 엄세영에게 '자기 백성을 지켜주지
도 못하면서 노임 받고 일하는 것을 방해한다'라고 불만을 표출하기
까지 했다 한다. 오죽했으면 그랬을까. 섬 주민들을 수탈만 했지 보

호해 주지는 못했던 조선 정부의 무능을 짐작하게 해주는 이야기다. 영국군의 점령 흔적은 거문도의 고도 파출소 뒤안 산중턱에 3기의 영국군 수병 묘지로 남아있다. 거문도 장촌 해변에서는 기원전부터 사용된 중국 한나라 때 화폐 오수전이 다량 발견되기도 했다. 거문도가 고대부터 근대까지 국제 해상세력이 탐내던 요충지였다는 증거들이다.

> 못가겠네 못가겠네
>
> 놋닢 같은 갈치 뱃살 두고 나는 시집 못가겠네

거문도의 가을은 '강강술래' 매김소리 속 처녀가 좋아했던 갈치 철이다. 갈치는 노랗게 나락 익어갈 때 소금 뿌려 숯불구이로 먹는 맛이 최고다. 지금이 그때다. 갈치는 칼처럼 생겨 도어(刀漁)라 했고 영어로도 cutlassfish다. 그런데 어째서 칼치가 아니라 갈치일까. 옛날 '황해, 강원 이북에서는 칼치, 경기, 경북 이남에서는 갈치라 했다'라고 한다. 신라에서는 칼을 갈이라 했는데 권력의 향배에 따라 신라의 판도에 있던 지역 말이 표준어가 된 때문이다. 제주 바다에서 잡히던 갈치가 7월부터 11월까지는 거문도 해역에서 몸을 푼다.

"갈치는 절대 소금에 절여서 보관하면 안돼."

거문도 어판장에서 만난 수협 중매인의 충고다. 생선에 대해 좀 안다 하는 이들도 흔히 하는 실수 중 하나가 갈치를 소금에 절여 보

〈거문도 갈치 경매장〉

관하는 것이다. 냉장시설이 없던 시절 자반으로 먹던 습관이다. 갈치
는 소금에 절여 오래 두면 수분과 기름기가 빠져 살이 퍽퍽해진다.
생물 그대로 보관해야 하는 이유다. 머리와 내장을 제거한 뒤 핏기
가 있더라도 민물에 씻지 않고 밀봉해 보관하는 것이 좋다. 물에 씻
으면 변질되기 쉽다. 갈치도 다른 생선들처럼 싱싱할 때 급랭을 하
면 맛이 거의 변함없다. 하지만 좀 더 부드러운 맛을 느끼고 싶으면
손질한 갈치를 냉장보관하는 것이 좋다. 거문도 황금수산 여주인은
갈치가 냉장고에서 5일, 김치냉장고에서는 10일까지도 선도가 유지
된다고 귀띔한다.

갈치에 대한 오해 중 하나는 제주 은갈치와 목포 먹갈치의 종자가 다르다는 것이다. 사실 똑같은 갈치다. 잡는 방법에 따라 은갈치가 되기도 하고 먹갈치가 되기도 한다. 채낚기나 주낙(연승)으로 잡아 비늘이 그대로 남아 있으면 은갈치고 그물로 잡아 은비늘이 벗겨지고 검은빛을 띠면 먹갈치다. 또 은갈치도 제주 은갈치와 거문도 은갈치가 다른 종인 줄 아는 이들도 있다. 역시 같은 갈치다. 낭연히 맛의 차이도 없다. 은갈치의 맛을 좌우하는 것은 브랜드가 아니라 포획 방법이다. 은갈치와 먹갈치가 그렇듯 같은 은갈치인데도 조업 방법에 따라 맛의 차이가 난다. 채낚기가 한길 위고 주낙은 그에 못 미친다. 그래서 가격 차이도 크다.

채낚기 배는 선상에서 살아 있는 갈치를 바로 잡아 올린다. 하지만 주낙배는 수많은 바늘을 단 낚싯줄을 바다에 던져놨다가 일정 시간이 흐른 뒤 다시 거두러 간다. 잡힌 갈치가 죽은 채 바다에 잠겨 있다 나오는 것이다. 산 채로 잡느냐 바닷속에서 죽은 놈을 건지느냐가 맛의 차이를 결정한다. 주낙 갈치는 구울 때도 기름이 배어 나오지 않는다. 기름기가 적으니 맛이 덜할 수밖에. 어떻게 구별할까. 채낚기 갈치는 진한 은빛에 통통하고 둥그스름하다. 주낙 갈치는 약간 회색빛이 돌며 체형도 납작하다.

거문도에서 갈치를 먹는 법은 조림이나 구이 등이 보편적이지만 조림은 제주식에 비해 물을 많이 넣는다. 국물을 먹기 위한 방편이

다. 제주에서 갈칫국을 처음 대면한 사람들은 대부분 놀라움을 금
치 못한다. 그 비린 것으로 어찌 국을 끓이느냐는 반문인데 갈치가
비린 것이 아니다. 상한 갈치가 비린 것이다. 거문도에서는 갈칫국을
끓인다. 심지어 삼치로도 국을 끓인다. 거문도 인근의 섬 손죽도에서
는 삼치미역국을 맛보기도 했다.

　거문도의 갈칫국은 늙은 호박을 넣기도 하고 엉겅퀴를 넣기도 한
다. 갈치호박국은 남도 섬 지역에서 주로 먹는 요리지만 한가쿠(엉경
퀴)를 넣고 끓이는 갈칫국은 거문도만의 요리법이다. 한가쿠(엉경퀴)
갈칫국이라 한다. 된장을 풀고 한가쿠를 넣어 끓인 갈칫국은 약초의

향이 은은하다. 본래는 갈치와 한가쿠가 푹 녹아지도록 약한 불로 오래 끓였지만, 지금은 삶아 둔 한가쿠를 넣고 푸르르 끓여낸다. 갈칫국 한 그릇이면 밤새 조업하느라 뱃멀미에 시달린 선원들의 거친 속이 편안해진다. 어떤 국보다 술 마신 다음 날, 해장도 빠르다. 강장에 좋다는 한가쿠(엉겅퀴)와 성질이 따뜻해서 소화기가 약한 사람에게도 부담 없는 갈치의 궁합이 딱 맞아 떨어진 까닭이다.

한가쿠(엉겅퀴)갈칫국

1 한가쿠를 푹 삶은 뒤 몇 시간 동안 물에 담가 풀냄새와 독기를 제거한다.

2 삶은 한가쿠에 물을 붓고 된장, 멸치액젓으로 간을 한 뒤, 고추를 넣고 한소끔 (15분 정도) 끓인다.

3 한소끔 끓인 한가쿠에 갈치를 토막 내어 넣고 다시 한번 끓여낸다.

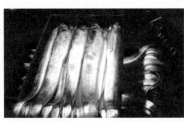 

＊무인도인 삼부도에서 채취해온
야생 한가쿠를 푹 삶아서 냉동보관해 놓고 연중 끓여낸다.
한가쿠국을 끓여 먹고 변비를 고쳤다는 사람도 있다.
생 한가쿠를 요구르트에 넣어 갈아먹고 위장병을 고쳤다는 사람도 있다.

30 금오도
노다리쑥국

통영과는 또 다른 여수의 맛

'도다리쑥국' 하면 떠오르는 곳은 경남 통영이다. 그러나 통영에만 도다리쑥국이 있는 것이 아니다. 전남 해안과 섬들에도 있다. 도다리가 나고 쑥이 자라는 곳에서는 어디나 어렵잖게 맛 볼 수 있는 음식이다. 음식이 한 지역만의 독점일 리도 없고 레시피가 따로 있을 리도 없다. 된장국에 어디 레시피가 있던가. 백이면 백 집 다 다르다. 도다리쑥국 또한 그렇다. 도다리가 잡히고 부드러운 햇쑥이 함께 나오는 지역에서 시기가 맞아 일상적으로 끓여 먹던 음식이다. 끓이는 법도 제각각이다. 통영의 도다리쑥국이 먼저 알려진 것뿐이다.

유명세 덕에 도다리쑥국이 쑥국의 대명사가 됐지만 실상 쑥국은

〈금오도의 일몰〉

남해안 지역의 보편적인 봄 음식이다. 봄이면 굴이나 조갯국에도 쑥
을 넣고, 또 된장국에도 쑥을 넣는다. 약효가 뛰어나지만 다른 채소
들과는 달리 쑥은 그 자체만으로 요리해 먹기에는 쓴맛이나 향이
너무 강하다. 그래서 몸에 좋은 쑥을 여러 요리에 첨가해 먹다 보니
탄생한 것이 도다리쑥국이고 굴쑥국이고 쑥버무리고 쑥떡 같은 음
식들이다. 쑥의 약효야 우리가 익히 잘 아는 얘기다. 곰을 사람으로

만든 쑥이 아닌가! 어찌 보면 '단군의 후예'인 우리는 쑥을 먹은 웅녀 할머니 덕분에 짐승의 탈을 벗고 사람으로 살아가게 된 것인지도 모른다!

남해안 지역의 쑥 사랑은 깊고도 깊다. '입춘 전후 솟아나는 햇쑥을 먹으면 한해 병치레를 하지 않는다'는 속설이 있고, '봄 쑥국 두 그릇만 먹으면 아랫도리가 무거워 문지방을 넘지 못한다'는 식담도 있다. 쑥은 혈액순환을 촉진해 따뜻한 피가 돌게 하고 면역력을 증가시켜주는 약초로 알려져 있다. 그래서 『동의보감』에서도 '허(虛)를 보하고 기력을 더하게 하고, 많이 먹으면 조금 동기(動氣)한다'고 했다. 아무튼 봄 쑥은 진리다.

통영은 어린 도다리로 쑥국을 끓이는데, 여수에서는 씨알 굵은 도다리로 국을 끓인다. 통영의 도다리쑥국이 유순하고 맑은 맛이라면 여수의 도다리쑥국은 진하면서도 깊다. 각기 장단이 있는 요리법이다. 장어탕도 통영에서는 어린 장어로 부르르 끓여 내는데, 여수는 굵은 장어로 푹 끓인다. 시원함은 통영이, 깊은 맛은 여수가 앞선다.

가자미의 일종인 도다리는 가자미목 가자밋과 도다리속이다. 가자미는 넙칫과와 붕넙치과와 가자미과의 넙치가자미, 동백가자미, 참가자미, 목탁가자미, 줄가자미, 용가자미, 문치가자미, 돌가자미, 도다리, 강도다리 따위를 통틀어 이르는 말이다. 가자미류는 500여 종이 넘는다. 도다리는 회색이나 황갈색 몸에 크고 작은 반점이 온몸에 산

〈금오도의 밥상〉

재해 있는데 지방이 적고 다른 생선보다 단백질이 많아 담백하다.

　같은 가자미목으로 도다리와 생김새는 비슷하지만 넙치과의 광어(넙치)는 가을, 겨울이 제철이다. 봄 광어는 맛이 없다. 그래서 '3월 넙치(광어)는 개도 안 먹는다'는 식담이 생겼다. 이제는 다들 아는 상식이지만 그래도 광어와 도다리를 구별하기는 쉽지 않다. 그런대로 손쉬운 구별법은 '좌광우도'다. 대체로 사람이 정면에서 봤을 때 눈이 왼쪽으로 쏠려 있으면 광어, 오른쪽으로 쏠려 있으면 도다리다. 물론 광어도 어릴 때는 눈이 오른쪽으로 쏠려 있고 강도다리같이 눈이 왼쪽으로 쏠려 있는 도다리도 있으니 절대적인 구분법은 아니다.

두 어류는 모두 두 눈이 한쪽으로 쏠려 있다. 눈이 한쪽에 쏠려 있는 까닭에 언뜻 외눈처럼 보인다. 여기서 외눈박이 물고기, 비목어의 전설이 탄생했다. 중국 동진 때 사람 곽박(276-324)의 저서 『이아주(爾雅注)』에 '동방에 비목어(比目漁)가 있는데 눈이 하나뿐이므로 두 짝이 서로 합해야만 전진할 수 있다'고 한 것이 그 이야기다.

한국 최고의 섬 트레일인 비렁길로 유명세를 탄 여수의 섬, 금오도는 음식 또한 정갈하고 맛깔스럽기로 유명하다. 금오도에서도 도다리쑥국을 끓인다. 다시마나 디포리 등을 넣고 만든 육수로 끓이기도 하고 그냥 맑게 끓이기도 하지만 어느 쪽이든 집 된장을 약간 넣는 것이 특징이다. 집 된장은 도다리나 쑥의 진한 향을 중화시켜 주면서도 감칠맛을 더해 주는 훌륭한 소스다. 육수에 무와 된장을 아주 약간 풀어 푹 끓이다가 도다리를 토막 내서 넣는다. 쑥은 도다리 살이 뼛속까지 익을 즈음 넣고 살짝 끓여 낸다. 도다리든 뭐든 생선국은 오래 끓이면 살이 퍽퍽해진다. 통영 도다리쑥국 시기를 놓쳤거나 또 다른 맛의 도다리쑥국을 경험해 보고 싶다면 5월의 여수로 가라. 금오도 등 섬의 음식이기도 하지만 여수 내륙의 음식이기도 하다. 섬에는 도다리쑥국을 전문으로 하는 곳이 없다. 운이 좋아야 먹을 수 있다. 여수 시내에서는 전문점이 있어 어렵잖게 맛볼 수 있다.

 도다리쑥국

1 다시마나 디포리 등을 넣고 육수를 끓여 둔다.

2 육수에 나박하게 썬 무와 된장을 넣고 팔팔 끓인다.

3 무가 익을 정도로 끓으면 토막 낸 도다리를 넣는다.

4 도다리가 뼛속까지 익을 정도로 더 끓인다.

5 도다리가 익고 뽀얀 국물이 우러나면 쑥을 넣고 살짝만 더 끓여 낸다.

31 금오도
성게알찜

천하 삼대 진미 성게알찜

"문밖에만 나오면 다 객지요. 많이 잡수씨오."

섬 여행의 꽃은 음식이다. 비렁길 때문에 한 해 30만이 찾아드는 금오도. 그래서 이름난 식당이나 화려한 펜션들도 많지만, 금오도에서는 허름한 어부의 민박집에 묵어야 진짜 섬 밥상을 받을 수가 있다. 어부의 아내인 여주인이 오늘도 바다를 통째로 담아낸 저녁 밥상을 차리셨다. 문어무침, 전어구이, 고시(어린 삼치)찌개, 고동무침, 낙지무침, 대합탕, 해삼 물회. 이토록 가득 차려 내시고도 여주인은 차린 것 없다고 겸양이시다.

어부는 30년 넘게 어장을 해왔다. 예전에는 매일같이 돌산도 군내리 어판장으로 팔러 다녔는데 요즘은 1주일에 한두 번 갈까 말까

〈금오도 돌돔구이〉

다. 그만큼 바다에 물고기가 줄었다는 뜻이다. 이장님도 고대구리 배가 없어지면서 바다가 더욱 황폐화했다고 생각한다.

"묵혀 놓은 땅하고 같아요. 밭을 갈아 줘야 곡식이 자라지. 고대 구리배가 바다를 갈아 줬는디."

저인망어선들이 바닷속을 파헤쳐 주니 쌓인 펄들도 없고 깨끗하게 갈아져서 수초도 많아 물고기도 살기 좋았다는 얘기다.

"여그 선창머리도 저녁 먹고 나가믄 민물장어, 참게 같은 게 많이도 잡혔었는디…. 이젠 눈 씻고 봐도 없어."

어부는 대형선단들의 싹쓸이 어업은 그대로 두고 작은 저인망어선들만 없애버린 정부정책에 불만이 많다. 바다에 폐기물들이 쌓여가고 대형선단이 외해까지 나가 내해로 들어오는 물고기들을 싹쓸이하는 것이 바다 가뭄의 원인일 터다. 예전에 오뉴월 보리숭어 철이면 어부는 골병이 들었었다. 너무도 많이 잡히던 까닭에.

"숭어 땜에 골병들었었소. 얼마나 많이 들었등가. 미어 나르느라 골병들었소. 하루에 두 배씩 퍼나르고…"

이제 그 흔하던 숭어도 귀해졌다. 어부의 그물에는 가끔씩 거북도 걸린다. 그런데 이상하게도 거북이 그물에 들면 어장이 잘 안 된다.

"기분이 이상해부러. 기분이 나뻐."

거북은 그물에 들어가면 무조건 죽는다. 바닷속에서는 숨을 못 쉬기 때문이다. 20-30kg짜리 거북도 흔하다. 그래서 거북이 들면 무조건 버렸다. 토종 돌고래인 상괭이는 또 다르다. 기분이 나쁘지 않다. 굵은 놈은 팔기도 했다. 지금도 신고하면 팔 수 있다. 여름철 적조가 들면 양식업자들에게는 초비상이 들지만, 어부는 풍년이다. 태풍 때도 마찬가지다. 태풍을 피해, 또 적조로 답답한 바다를 벗어나기 위해 물고기들이 해변으로 몰려들기 때문이다. 어부는 고기 잡느라 세월이 다 갔다고 탄식이다.

이제 상차림이 끝났는가 싶었는데 어부의 아내가 김이 모락모락 나는 솥에서 무언가 꺼내 오신다. 그 귀한 밤송이(말똥성게, 앙장구)찜이다. 게다가 살아있는 성게도 한 접시 가득 담아내 주신다. 혀끝에 닿자마자 사르르 녹는 성게알. 그 달보드레한 맛은 그저 맛이 아니다. 그리움에 맛이 있다면 이런 맛이 아닐까? 한국뿐만 아니라 수산물에 대한 식탐이 유난한 일본인들도 성게알을 천하 삼대진미 중의 하나로 꼽았을 정도니 성게의 가치는 고금이 동일하다. 일본 에도시대에는 숭어 어란, 해삼창자(고노와다)와 함께 성게알을 천하 삼대진미로 여겼다.

성게는 세계적으로 900여 종, 한국의 바다에는 30여 종이 서식하고 있는데 우리에게 가장 친숙한 것은 보라성게와 말똥성게다. 보라성게는 봄부터 여름까지가 제철이고, 말똥성게는 겨울부터 봄까지가 제철이다. 성게는 종류에 따라 식성이 조금씩 다르지만 대체로 바위에 붙은 해초나 고착성 동물을 먹고 산다. 암수딴몸인데 잘랐을 때 노란 알만 있는 것이 암컷이고 알 주위로 하얀 액체가 있는 것이 수컷이다.

옛날 기록에는 성게를 해구(海毬) 또는 해위(海蝟)라 했고, 우리말로는 밤송이조개[栗毬蛤]라 불렀다. 『자산어보』에는 성게를 율구합(栗毬蛤)과 승률구(僧栗毬)로 구분했는데 율구합은 보라성게, 승률구는 말똥성게로 추정된다. 남해안 지역에서는 율구합(말똥성게)을 밤송이라 부른다. '맛은 달고 날로 먹거나 국을 끓여서 먹는다'라고 했다.

내륙의 도시에서도 성게알은 어렵지 않게 맛볼 수 있지만, 성게알찜을 맛본 이는 드물 것이다. 귀한 고가의 몸이라 생으로도 양껏

먹기 어려운 성게알을 찜으로 먹을 수 있다니! 섬 지역이 아니면 좀
처럼 맛보기 어려운 경험이다. 섬 지역에서는 밤송이 혹은 앙장구라
부르는 말똥성게를 생으로도 먹지만 찜으로 먹는 것을 즐긴다. 찜
으로 먹으면 먹기도 편하고 버릴 것이 하나도 없다. 삶아서 꺼내 놓
은 모습이 그대로 밤 같다. 삶은 알 또한 고소한 밤맛과 비슷한 점
도 있다. 첫맛은 약간 쌉쓰레한 듯하지만 이내 쓴맛은 사라지고 달
달한 맛이 내내 혀끝을 감돈다. 어느 정도 먹다가 생 성게알과 번갈
아가며 먹으면 한정 없이 먹을 수 있다. 도대체 많이 먹어 질리지 않
는 음식이 어디 있을까 싶지만 성게알과 성게알찜이 있다. 보라성게
가 막 나오기 시작하는 초봄이 산란철인 말똥성게도 최고로 여물고
맛있는 때다.

〈금오도 송고 마을 해변, 섬에서는 바다와 갯벌이 냉장고다!〉

섬마을 민박집 백반 밥상에 이 귀한 성게찜과 생 성게알이 덤으로 주어지니 대합(개조개)탕이나 해삼물회는 그저 평범한 반찬일 뿐이다. 섬에서 번듯한 식당이나 화려한 펜션 같은 곳이 아니라 허름한 어부의 민박집을 찾아들 줄 아는 사람만이 맛볼 수 있는 즐거움이다. 여행에도 기술이 필요한 것은 그 때문이다.

 성게알찜

1 물이 빠졌을 때 해변에 나가 말똥성게를 채취하거나 시장에서 구입한다.
2 말똥성게를 찜통에 넣고 30분 정도 삶아 낸다.
3 삶아낸 말똥성게를 칼로 절반으로 자른 뒤 상에 올린다.

32 안도
백년손님밥상
씨암탉 대신 차려 내던 귀한 밥상

도착하면 안도감이 드는 섬들이 있다. 여수의 섬 안도(安島)가 그렇다. 그래서 편안 안(安)자를 이름으로 삼았을까. 안도는 비렁길로 유명한 금오도 곁의 작은 섬인데 두 섬은 다리로 연결되어 있다. 안도리 마을 앞에는 S자 모양의 작은 바다가 있다. 이 내해를 두멍안이라 부른다. 작은 바다를 품고 있는 섬의 모습이 바로 편안함의 근원이다. 두멍이란 둠벙, 곧 작은 저수지를 뜻한다. 큰 바다에서 들어가는 입구는 좁은데 마을 안쪽으로 가면서 점점 넓어지는 지형이라 물을 가두어 놓은 저수지 같다. 두멍안은 높은 데서 보면 영락없는 한반도 모양이다. 그래서 안도는 한반도를 품에 안은 섬이라 불리기도 한다.

〈안도 동곶이마을 돌담길〉

두멍안은 내륙으로 쑥 들어가 있어 안도 밖에서는 전혀 보이지 않는다. 천혜의 대피항이다. 그 때문이었을까. 오랜 옛날에는 해적들의 근거지였다는 설도 있다. 해적선을 숨기기 좋았을 것이다. 인근 소리도에도 해적의 전설이 있는 것을 보면 이 일대 섬들이 해적들의 근거지였을 가능성은 충분하다. 두멍안 때문에 안도는 일제강점기에 어업 전진기지가 됐다. 일제는 안도에 일본인들을 이주시켜 어업권을 장악했고, 어업조합과 순사 주재소 등을 두고 수산물을 수탈해갔다.

면적 3.96km²에 불과한 작은 섬이지만 안도의 역사는 유구하다. 고대부터 인근의 거문도, 소리도 등과 함께 국제 해상 교류의 중간 기착지였다. 일본 헤이안 시대 승려 엔닌(794~864)선사의 「입당구법순례행기」에도 안도의 이름이 등장한다. 838년부터 847년 9월까지 10년간 당나라 유학 생활을 했던 엔닌 선사는 장보고(?~846년)청해진 대사로부터 많은 도움을 받았다. 당시에는 왜인들의 당나라 입국이 금지됐었기에 불법체류자 신분이었던 엔닌은 장보고가 당나라 적산에 세운 절 법화원을 피신처 삼아 불법을 공부할 수 있었다. 그래서 엔닌은 장보고에게 절절한 감사의 편지를 쓰기도 했다. 엔닌이 당나라 유학 생활을 마치고 귀국할 때는 장보고가 암살된 뒤라 신라인 무역업자 김진(金眞)의 배를 얻어 탔다. 엔닌은 귀국길에 고이도와 거차도를 거처 안도에 기항했고 그 경험을 기록으로 남겼던 것이다.

안도마을 서쪽 이야포 해변은 해수욕하기 좋은 해변이다. 이 아름다운 해변은 현대사의 비극인 양민학살 현장 중 하나이기도 하다. 1948년 10월 19일 여순사건의 와중에 진압군 김종원 대위가 연락선 동일호를 타고 함포 사격을 하며 이야포로 상륙했다. 일제 패망 후 도주한 일본인으로부터 물려받은 정치망 어장을 안도마을 공동체에 빼앗긴 이웃 섬 주민의 무고로 진압군이 들어왔다. 진압군은 주민들을 안도국민학교에 집결시킨 후 노인, 어린이, 여자, 청년으로 분류하여 인민군을 찾아내라며 무자비한 폭력을 가했고 주민 40여 명을 결박하여 둠벙안 입구 안도선착장으로 끌고 가 11명을 처형했다. 좌

<마을 여인이 기부해서 놓았다는 돌다리>

<신들의 거처 당산으로 들어가는 문>

<안도 백년손님밥상>

익과는 무관한 민간인들이었다.

또 6.25 한국전쟁 때는 350여 명의 피난민이 배를 타고 이야포
로 들어와 주민들의 환대를 받고 있었는데 이때 미군 제트기 4대
가 피난선을 폭격해 피난민 150여 명이 몰살당했다. 참으로 아픈
민족사다.

옛날부터 안도 인근 해역은 황금어장으로 유명했다. 안도의 수
산물도 맛있기로 소문이 자자했다. 참담치(조선홍합)도 다른 지역은
때에 따라 살이 차기도 하고 야위기도 하지만 안도 참담치는 늘 알

이 꽉 차 있고 안도 소라는 향이 무척 짙다. 그래서일까. 안도에는 전해오는 토속음식들이 많다. 그중 대표는 백년손님밥상이다. 이런 독특한 이름의 음식이 존재했다는 사실을 아는 육지 사람들이 몇이나 될까. 지금이야 손님이랄 것도 없는 처지가 된 사위들이지만 사위들도 백년손님으로 귀한 대접을 받던 시절이 있었다. 그 귀한 사위들이 받던 밥상. 안도에 실존했던 밥상이다. 이름만으로도 행복해지지 않는가.

육지에서는 사위가 오면 씨암탉을 잡기도 했지만, 모두가 가난했던 섬에서는 알을 얻어야 하는 씨암탉을 잡기가 쉽지 않았다. 그래서 사위를 대접할 요량으로 갯가에 나가 온갖 해산물들을 따다가 차려주던 것이 이 밥상의 근원이다. 밥상에는 주로 따개비 종류와 해초들이 올라갔다. 배말, 군봇, 거북손 등 갯바위에 붙어서 살아가는 따개비와 깊은 바다에 살아 해녀만 딸 수 있는 해녀배말 등을 삶아내고 거기에 세모, 가사리, 미역 등의 해초를 넣어 만든 비빔밥이 백년손님 밥상이다. 여름철엔 뭍의 채소로 상추와 노각을 넣는다. 여름상추는 약간 쓴맛이 나는데 쓴 게 약이다. 노각은 시원한 맛에 곁들인다. 백년손님밥상은 육류가 귀하던 시절 단백질 공급원이었고 잔치음식이기도 했다. 마을의 어느 집에 잔치가 있으면 서로들 품앗이로 함께 채취해다 주곤 했다. 진정한 공동체의 음식이었다.

백년손님밥상 말고도 안도에는 특별한 토속음식들이 더 있다. 아이를 못 낳는 여자들은 피문어죽을 끓여 먹었다. 껍질째 말린 문어는 피문어, 껍질을 벗겨 말리면 백문어다. 피문어에 찹쌀, 대추를 넣고 문어가 말랑말랑하게 물러질 때까지 푹 고아 먹는다. 안도에는 또 문어김치란 것도 있다. 문어잡이를 하던 어가에서 주로 담가 먹던 김치다. 김장할 때 마른 문어를 방아에 찧어서 가루로 만든 뒤 김치 양념에 넣는다. 또 김장할 때 말린 문어를 통째로 넣기도 하는데 김치 포기 사이에 넣어 두면 김칫국물이 배어들면서 촉촉해진다.

<출어에서 돌아와 그물 손질을 하는 어부>

문어는 방망이로 두드려서, 장작을 때고 남은 숯불에 은근히 구워 김치에 넣는다. 생것은 비리고, 삶은 것은 쉽게 물러지기 때문에 굽는다. 문어는 김치를 먹을 때 꺼내서 잘라 먹는다. 김치 속의 문어는 겨울에 다 먹어야 한다. 날이 따뜻해지면 벌레가 생길 수 있기 때문이다.

안도 사람들이 가장 좋아했던 음식은 무엇보다 성게알 요리다. 성게알은 그 자체로도 아주 특별하지만 다양한 방식으로 요리를 만들어 먹었다. '성게로는 못 해 먹는 것이 없다'라며 날것으로 먹기도 아까운 그 귀한 성게알로 요리라니! 성게전, 성게계란찜, 성게된장국, 성게젓갈, 성게미역국, 성게식혜(성게냉국), 성게청각무침 등 무궁무진했다. 안도 펜션 주인 할머니는 '성게 넣어서 안 맛난 게 없다'고 단언하신다.

무엇보다 당기는 음식은 성게식혜다. 우선 성게를 끓는 물에 넣어 살짝 데친다. 데친 성게와 데친 물을 함께 냉장고에 보관해서 저녁까지 숙성시킨다. 저녁 밥상 때 오이와 데친 양배추를 채 썰어 넣고 거기에 식초를 약간 곁들인다. 더러 땡초나 정구지(부추)를 다져 넣기도 한다. 그 시원한 맛은 이루 말로 할 수가 없다. 흔히 먹는 보라성게는 4월부터 6월말까지만 알이 나온다. 딱 3개월이다. 이때는 물때에 상관없이 늘 알이 차 있다. 2-3월에는 알이 거의 없고 6월말이면 알을 모두 '시러(까)' 버린다. 산란기에 접어드는 6-7월에는 성게알이 '허벌허벌'해진다. 흐물흐물 풀어져 버린다는 얘기다. 7-8월에는 알이 차 있어도 잡지 않는다. 지속가능한 어업을 위한 예의다.

안도에서는 또 성게국수도 즐겨 해먹었다. 비슷한 방식으로 겨울에는 홍합국수도 해먹었다. 음식 좋은 섬들이 많지만 그래도 안도만큼 다양한 해산물 요리가 있던 곳은 드물다.

안도는 가히 미각의 제국이다. 그 귀한 요리들이 보존되지 못하고 사라져 버린다면 국가적인 손실이다. 정부 차원에서 섬의 토속음식 도서관화 작업을 서둘러야 마땅하다.

백년손님밥상

1 갱번(갯벌)에 나가 채취해 온 배말(삿갓조개), 군붓, 거북손 등을 깨끗이 씻어서 삶아
  낸다.
2 세모, 가사리, 미역 등의 해초는 생으로 씻어서 먹기 좋게 자른다.
3 밥 위에 따개비류와 해초, 상추 등을 올리고 고추장 양념과 참기름을 넣어 비빈다.

바다에서 보면 대륙 또한 물 위에

떠 있는 섬에 지나지 않는다.

대륙이 하나의 섬인 것처럼

아무리 작은 섬도 그 자체로

하나의 대륙이다.

33 탄도
찰감태무침
비단처럼 부드러운 찰감태의 맛

　　무안의 하나뿐인 유인도, 탄도는 아주 평범하지만 특별한 섬이다. 29세대 54명이 살아가는데 섬에는 단 한 대의 자동차도 없다. 요즘 육지의 어느 오지마을을 가도 자동차 없는 마을은 없다. 한두 가구가 사는 작은 섬에도 자동차가 있다. 사람 이동용이 아니더라도 화물 운반용으로라도 꼭 자동차가 있게 마련이다. 그런데 탄도에는 자동차가 없다. 넋 놓고 생각에 잠겨 걸어도 안전하고 아이들이 길가에 나와 마음껏 뛰어놀아도 안전한 섬. 잠깐이라도 자동차 없는 세상에 살아 보고 싶다면 탄도로 가라! 탄도야말로 느린 삶이 가능한 진짜 슬로시티다.

　　탄도(炭島)는 한자의 뜻처럼 숯이 많이 나서 탄도라 했다 한다.

옛날에 섬에 소나무가 많아 숯을 구워 팔았기에 탄도란 이름을 얻었다는 것이다. 하지만 면적 0.502km², 해안선 5km에 불과한 작은 섬에 나무가 많으면 얼마나 많았겠는가? 주민들의 땔감을 하기도 부족했을 것이다. 그런데 숯을 구워 팔 수 있었을까. 더구나 조선시대에는 소나무를 함부로 벨 수도 없었다. 국가에서 금송령으로 보호한 소나무로 숯을 굽다니 어불성설이다.

본래 탄도는 여울도였다. 여울이란 하천이나 바다가 급경사를 이루거나 폭이 좁고 얕아서 물살이 세게 흐르는 곳을 말한다. 여울의 물은 소리 내어 흐른다. 탄도 앞바다는 갯벌이 드넓다. 썰물 때면 물이 빠지면서 이 갯벌에 급하게 흐르는 물길이 생기는데 이것이 여울이다. 그래서 여울 섬이었다. 여울의 한자어는 탄이다. 하지만 여울 섬이 한자로 표기되는 과정에서 담당자의 실수로 여울 탄(灘)이 아니라 숯 탄(炭)으로 잘못 기재됐던 것이다. 여울섬이 숯섬으로 와전된 것이다.

탄도의 광활한 갯벌은 감동적이다. 매립과 간척으로 갯벌이 사라져가는 시대, 탄도 갯벌은 그 자체로 귀한 보물이다. 날마다 바다가 통째로 사라졌다 나타나길 반복하는 갯벌. 탄도에는 집앞에뻘, 뒷뻘, 머시리뻘, 밥뻘, 작은뻘, 숭치뻘 등이 있는데 이 뻘에서 낙지와 감태, 석화, 농게 등이 난다. 탄도 갯벌은 1960년대까지 김장용 굴의 주산지였다. 수하식 굴양식이 보급되면서 탄도 갯벌의 토종 굴은 생

〈찰감태를 채취해 끌고 오는 고된 노동 끝에 탄생한 맛〉

산량이 줄어들었다. 그래도 굴은 여전히 낙지, 감태와 함께 탄도 주
민들의 주 소득원 중 하나다.

　서해의 겨울 섬은 바람만 불지 않으면 비할 데 없이 따뜻하지만
바람이 불면 시베리아처럼 춥다. 나그네가 방문한 날은 그해 겨울
들어 가장 추운 날 중 하나라고 섬사람들은 입을 모은다. 바람이 거
세고 날이 추우니 바다에 나가 작업하는 주민들도 없다. 탄도 섬 노
인들도 바람을 피해 다들 경로당에 모여 두런거린다.

　"올해는 바다 숭년(흉년)이 들었어."

　낙지와 감태(甘苔)로 유명한 탄도. 가을에는 낙지가 거의 잡히지 않았고 겨울은 감태 철이지만 뻘 바닥에는 감태의 씨가 말랐다. 감태가 자라지 않는 이유는 무얼까. 벌써 3년째다. 혹자는 엘리뇨 때문이라고도 하고 혹자는 작년 여름 가뭄과 더위 때문이라고도 한다. 그런데 노인 한 분이 감태가 안 자라는 이유가 있다고 목청을 높이신다.

"그게 다 염산 때문이여."

탄도 주변 바다에는 김 양식장이 많은데 양식장에서 잡태나 파래 제거를 위해 여전히 금지 약품인 염산을 몰래 사용하고 있다는 말씀이다. 나그네도 섬을 다니다 숲속 깊이 숨겨 놓은 염산통들을 발견하곤 했었다. 그것이 다는 아닐 터지만 노인의 말씀이 일견 타당해 보인다. 누군가의 이익이 누군가에게는 재앙이다.

감태의 씨가 말랐다는 탄도 갯벌에서 그래도 운 좋게 감태를 뜯어 온 어머니가 있다. 어머니가 찬바람 맞으며 감태를 뜯으러 나간 것은 자식들 때문이다. 지난 설에 무안시장에서 감태 5천 원어치를 사다가 도시 사는 자식들에게 요리해 줬더니 한입 먹어 보고는 더 이상 손도 대지 않더란다. 탄도 감태가 아니라 맛없다고. 그래서 자식들 보내줄 생각으로 어렵게 감태밭을 찾아내 한 대야 가득 매왔다. 감태 매는 일보다 더 힘든 건 멀고 먼 갯벌 한가운데에서 섬까지 옮겨 오는 일이다. 이때 뼛골이 빠진다. 어머니는 뜯어 온 감태를 민물에 넣고 발로 밟아가며 뻘물을 빼내는데 최소 7-8번은 세척을 반복해야 깨끗해진다. 씻어서 손으로 말아 올린 감태가 꼭 어린아이 머

릿결 같다. 감태 한 줌이 식탁에 오르기까지의 수고로움을 생각하면 감태는 금태다.

탄도 갯벌에도 두 종류의 감태가 있다. 찰감태와 뻐드래기. 뻐드래기는 긴 머리카락처럼 뻘에 곧게 뻗어 있다. 반면에 찰감태는 약간 꼬불꼬불하고 자라면서 파래처럼 잎이 넓어진다. 뻐드래기에 비해 향도 진하고 찰지고 부드럽다. 손으로 만져 봐도 찰감태는 보들보들한데 뻐드래기는 뻣뻣하다. 그래서 탄도에서는 찰감태가 대접을 받는다. 탄도 노인들은 '뻐드래기가 보리밥이라면 찰감태는 쌀밥'이라고 말한다. '옛날 명주베(비단) 모냥 부드럽다'고 찰감태 자랑에 입이 마른다. 그런데 '옛날에는 찰감태가 많았는데 인자는 뻐드래기뿐'이라고 노인들은 탄식한다.

탄도 감태는 설부터 대보름까지가 가장 달고 맛있다. 『자산어보』에도 그 맛이 달다 했다. 감태는 생으로 무쳐 먹어야 제맛이라 감태무침은 양념을 최소화한다. 감태 자체의 단맛과 향을 즐기기 위해서다. 방금 무쳐낸 찰감태 무침 한 젓가락을 입에 넣으니 달콤하면서도 쌉싸름한 향이 입안 가득 퍼지며 스르르 녹아 버린다. 바다를 통째로 맛본 듯한 느낌이다. 찰감태 무침은 하루 정도 삭히면 맛이 훨씬 깊어진다.

 **찰감태무침**

1 깨끗이 씻은 찰감태의 물기를 뺀다.
2 찰감태를 도마에 올려놓고 칼로 탕탕 자른다.
3 그릇에 찰감태를 담은 뒤 참깨를 뿌리고 참기름을 듬뿍 친다.
4 집 간장으로 간을 한 뒤 주물주물 해주면 완성.
5 너무 빡빡하다 싶으면 약간의 물을 넣기도 한다.
6 바로 먹기도 하지만 하루 정도 삭히면 풍미가 더욱 깊어진다.

34 장도
피굴

인생 굴 요리

　2018년까지 전남 보성군의 섬 장도에는 소가 딱 한 마리만 살았다. 팔순의 노인과 20년을 동고동락해 온 일소였다. 노인의 밭은 장도에 딸린 작은 무인도 목섬에 있는데 이 섬에는 경운기가 들어갈 수 없으니 소의 힘을 빌릴 수밖에 없었다. 목섬에서 노인은 소와 함께 밭을 갈아 마늘과 고구마, 땅콩 농사를 지었다. 암소인데 그 와중에도 1년에 한 번꼴로 새끼를 배어 20마리나 되는 송아지까지 낳아 줬다. 고마운 마음에 노인은 소를 죽을 때까지 팔지 않을 생각이라 했다. 소한테 이름이 있냐고 물어보니 돌아오는 대답.

　"그냥 소지, 소."

　소의 이름은 그냥 소였다. 소는 노인이 저를 못 본 채 지나가 버

리면 소리 내어 운다고 했다.

"소가 얼마나 숭악한지 내가 지를 안 보고 그냥 지나가 버리면 울어요. 울어."

"정이 많이 들어서 그런 것일까요?"

"아니, 배고파서 그렇지. 배고프다고 연락을 주는 거야."

소를 대하는 노인의 태도가 아주 담백했다.

"저도 늙고 나도 늙어 버렸어. 20년 된 소야. 우리 집에 와서 그렇게 고생했는데 팔지 말아야지."

"그럼 소가 죽고 나면 묻어 주실 생각이세요?"

"팔지 않아야지 하면서도 뒤는 어찌 될랑가 모르것네."

노인은 소가 고생을 많이 했으니 죽을 때까지 팔지 않을 생각이지만 죽은 뒤에는 어찌해야 할지 갈등이 좀 있으셨다. 고기로 팔면 적어도 2백만 원을 받을 수 있는데 왜 갈등이 없을까.

"그래도 20년 동안 농사도 지어 주고 새끼도 20마리나 낳아 엄청 많은 돈을 벌어 줬는데 그냥 묻어 주시면 안 될까요?"

"나도 저 밥 먹여 줬는데…."

그러면서도 노인은 주저주저하는 눈치였다.

"소가 죽고 나서도 팔지 않고 이 목섬에 묻어 준다면 많은 사람들이 소의 은혜 갚은 어르신을 존경하지 않을까요."

"그럴까. 그럼 묻어 줘야겠네."

노인은 활짝 웃으며 소를 꼭 묻어 주겠다고 거듭 약속하셨다.

노인의 약속을 받고서도 혹시 노인의 마음이 변하실지도 모른다는 약간의 불안감이 있었다. 그래서 〈KBS 인간극장〉 프로그램 제작팀에게 노인의 약속을 귀띔해 줬다. 결국 노인과 소 이야기는 〈인간극장〉으로 제작되었고 노인은 방송을 통해서도 소가 죽으면 묻어주겠다고 거듭 약속을 했다. 그리고 작년에 소가 죽었다. 노인도 약속을 지켰다. 다시 찾아간 장도에서 노인에게 물었다.

"갈등하시더니 소를 묻어 주셨네요?"

"방송에 나와 온 국민한테 약속한 건데 지켜야지." 하시며 껄껄 웃으신다. 그래서 지금은 목섬 한 비탈에 소의 무덤이 있다. 천고에 남을 미담이 아닌가. 소도 고맙고 노인도 참 고맙다. 평생을 고생만 해온 소에게 이 정도라도 보답할 수 있는 마음을 가진 사람이 몇이나 될까?

전남 보성군 벌교는 꼬막의 고장인데 벌교 꼬막의 80% 이상이 장도 인근 갯벌에서 생산된다. 벌교 꼬막 중에서도 제사상에 오르는 귀물인 참꼬막은 대부분 장도 갯벌에서 나왔더랬다. 그래서 장도는 꼬막 섬이다. 가을부터 봄까지 꼬막 철이면 장도 갯벌에서는 뻘배를 타고 갯벌을 종횡무진 누비며 꼬막을 채취하는 사람들의 모습을 볼 수 있다. 뻘배는 판자로 만든 갯벌의 썰매 같은 것이다. 한 조각 판자로 가족의 생을 지탱시켜온 장도 여인들의 모습을 보면 절로 고개가 숙여진다.

그런데 요즘 들어 장도 갯벌 꼬막 생산량이 급감하고 있다. 특히 참꼬막은 씨가 말랐다. 꼬막 양식장에 종패를 뿌려도 폐사율이 90% 이상이다. 역학 조사를 통해 원인을 규명 중이라고 한다. 전국의 어느 섬을 가도 바다와 갯벌이 죽어가고 있다는 탄식이 그치지 않는다. 원인이 무얼까. 수많은 갯벌을 없애버린 대형 간척공사들과 해안가마다 시멘트로 도배를 하다시피 한 토목공사들의 후과(後果)와 육지에서 함부로 버린 각종 오염물질들 때문일 가능성이 크다. 자업자득이다. 바다는 무한정하지 않다. 바다 생태계를 궤멸시키는 개발지상주의 정책에 대한 근본적인 반성이 없다면 바닷속이 텅 비는 날을 맞이하게 될 것이다.

꼬막섬인 장도 갯벌에서는 그래도 겨울이면 아직은 석화가 제법 나온다. 많은 굴 요리들을 맛봤지만, '내 인생 굴 요리'라 할 만한 것은 딱 두 가지였다. 통영의 물굴젓과 보성 장도의 피굴이다. 나그네에게 굴은 무조건 생굴이다. 익히는 순간 퍽퍽해지는 식감을 피할 수가 없기 때문이다. 그래서 되도록 익힌 굴 요리는 피한다. 그런데 처음으로 익힌 굴 요리인데도 손길이 가는 것을 멈출 수 없었던 것이 피굴이다.

우리나라에서는 예전부터 '보리가 피면 굴을 먹지 말라' 했고 일본에서는 '벚꽃 지면 굴을 먹지 말라' 했다. 서양에서는 'r'자가 들어있는 달에만 굴을 먹었다. 'r'자가 없는 달인 5월-8월(May, June, July,

〈막걸리 한잔과 먹는 새우회〉

August)은 굴을 먹지 않았다. 이때는 굴의 산란기이거나 산란 직후다. 굴에 독성이 있고 바다에도 살모넬라와 대장균들이 많기 때문에 굴을 안 먹는 것이 좋다. 특히 산란기에는 절대 생굴을 먹어서는 안 된다. 물론 종류에 따라 시기나 계절에 관계없이 먹을 수 있는 굴도 있다. 심해에서 자라는 손바닥만큼 큰 석화(벚굴 종류)는 여름이 오히려 제철이기도 하다. 하지만 대부분의 굴은 가을부터 봄 사이가 제철이다. 굴을 먹을 때는 반드시 소금물에 씻어 먹어야 한다. 그냥 민물에 씻으면 맛과 영양분이 빠져나가 버리기 때문이다.

피굴은 알굴이 아니라 각굴로 만든다. 장도에서는 굴을 껍데기째 솥에 넣고 굴이 잠길 만큼 물을 부은 뒤 뜨끈할 정도로 삶는다. 껍데기가 벌어질 정도로 끓이면 안 된다. 껍데기가 벌어지도록 익히면 즙이 새어나가 버리기 때문이다. 반숙인 피굴은 굴속의 진액을 그대로 보존하고 있어 찰지고 쫄깃하다. 피굴은 차게 해서 먹는데 피굴의 국물 또한 마치 굴로 담은 동치미처럼 온갖 세상의 독에 찌들고 꼬인 속을 풀어주는 데 명약이다.

피굴

1 물을 붓고 석화를 껍질째 넣는다.

2 물이 팔팔 끓을 정도가 아니라 뜨끈하다 싶은 정도의 온도에서 삶아 낸다.

3 굴이 벌어지기 전에 꺼내서 하나씩 일일이 깐다.

4 굴껍데기 안에 든 물을 받는다. 그 물을 체로 거른 뒤 생수를 조금 넣고 소금으로 간을 한다.

5 익은 굴을 그 물에 넣은 뒤 마늘을 다져 넣고 깨소금을 넣으면 완성.

* 전라도 섬맛 지도

함평군

신안군

무안군

목포시

해남군

진도군

01 하의도	07 반월도	13 흑산도
02 가거도	08 신의도	14 흑산도
03 가란도	09 암태도	15 흑산도
04 기점도	10 우이도	16 관매도
05 장산도	11 임자도	17 대마도
06 도초도	12 지도	18 모도

광주광역시

곡성군

구례군

하동군

화순군

조계산
도립공원

순천시

광양시

나주시

보성군

남해군

여수시

장흥군

고흥군

천관산
도립공원

장도 ③④

개도 ②⑧

안도 ③②

금오도 ③⓪

나로도 ②⑤

연홍도 ②⑥

생일도 ②②

거문도 ②⑨

19 진도

20 노화도

21 보길도

22 생일도

23 소안도

24 완도

25 나로도

26 연홍도

27 연홍도

28 개도

29 거문도

30 금오도

31 금오도

32 안도

33 탄도

34 장도

※ 번호는 본 책의 차례와 같습니다. 중복되는 섬의 경우, 1번만 표시했습니다.

1판 1쇄 인쇄 2019년 8월 12일
1판 1쇄 발행 2019년 8월 19일

사진·글 강제윤
펴낸이 김영곤
펴낸곳 (주) 북이십일 21세기북스

융합부문장 이유남
융합사업본부장 신정숙
지역콘텐츠팀장 한아름
책임편집 조문경
편집외주 꿈틀 이정아 **디자인외주** design S
영업마케팅팀 김창훈 임우섭 이경학 허소윤 윤송
홍보기획팀장 이혜연 **제작팀** 이영민 권경민
출판등록 2000년 5월 6일 제406-2003-061호
주소 (10881) 경기도 파주시 회동길 201(문발동)
대표전화 031-955-2100 **팩스** 031-955-2151 **이메일** book21@book21.co.kr

(주)북이십일 경계를 허무는 콘텐츠 리더

북이십일 채널에서 도서 정보와 다양한 영상자료, 이벤트를 만나보세요!
홈페이지 www. book21.com
네이버오디오클립/팟캐스트 [대한민국 도슨트]
포스트 post.naver.com/travelstudy21
인스타그램 @k_docent

ⓒ강제윤, 2019

ISBN 978-89-509-8263-8 04900

※이 책의 토속음식 채록 작업은 전라남도청의 취재 지원으로 이루어졌습니다.